LES DYNAMIQUES DU CHANGEMENT EN AFRIQUE SUB-SAHARIENNE

FREINS ET IMPULSIONS

Ouvrage publié avec le concours de
l'Institut National des Langues et Civilisations Orientales
et de l'Association française pour le développement
de la Recherche Scientifique en Afrique de l'Est

ISBN : 2-7384-4373-7

BIBLIOTHEQUE PEIRESC 11

LES DYNAMIQUES DU CHANGEMENT EN AFRIQUE SUB-SAHARIENNE

FREINS ET IMPULSIONS

CLAUDE ARDITI, EDMOND BERNUS
JEAN BOUTRAIS, ANNE LUXEREAU
CLAUDE PAIRAULT, CATHERINE QUIMINAL
MARIE-JOSÉ TUBIANA

Textes réunis par Marie-José Tubiana et Anne Luxereau
avec l'assistance de Claude Arditi

L'Harmattan
5-7, rue de l'École Polytechnique
75005 Paris - FRANCE

L'Harmattan Inc.
55, rue Saint-Jacques
Montréal (Qc) - CANADA H2Y 1K9

BIBLIOTHÈQUE PEIRESC

Collection dirigée par Joseph Tubiana
publiée par l'Harmattan
pour l'Association française pour le développement
de la Recherche Scientifique en Afrique de l'Est

"servant un chacun quand nous l'avons pu,
et principalement le public, pour lequel seul
nous avons travaillé quasi toute notre vie."

PEIRESC

La BIBLIOTHÈQUE PEIRESC a été créée en hommage à l'érudit provençal d'ascendance italienne, Nicolas Claude Fabri de Peiresc (1580-1637), pour y accueillir des œuvres correspondant à l'exigence et à l'éclectisme de ce magistrat humaniste et bibliophile.

Savant et curieux de toute chose, au point qu'on ne saurait énumérer tout ce qui l'a intéressé et diverti : sciences naturelles, numismatique, art, histoire, littérature, astronomie, philosophie, mœurs, religions, poésie, avec un souci particulier des langues et des cultures de la Méditerranée antique et contemporaine, dans les dernières années de sa vie il s'était pris d'un vif intérêt pour les chrétientés orientales, notamment d'Égypte et d'Éthiopie.

C'est dans cette direction que notre collection est surtout orientée, sans s'interdire aucun des sujets qui ont retenu l'attention de Peiresc, en s'efforçant de satisfaire, avec le respect qui lui est dû, la curiosité diverse de nos contemporains.

Déjà paru :

1. TAWFIQ AL-HAKIM, *Dans sa robe verte*, pièce en deux actes, traduite de l'arabe par V.A. Yagi et J. Tubiana, 1979.
2. V.A. YAGI, *Contes d'Omdurman*, recueillis et traduits de l'arabe, 1981.
3. L. FUSELLA, S. TEDESCHI, J. TUBIANA, *Trois essais sur la littérature éthiopienne*, 1984.
4. M.-J. TUBIANA, *Des troupeaux et des femmes*, Mariage et transferts de biens chez les Beri (Zaghawa et Bideyat) du Tchad et du Soudan, 1985.
5. J. TUBIANA, *Ethioconcord*, A computerized concordance of the Ethiopian and Gregorian Calendars. Concordance automatique des calendriers éthiopien et grégorien, 1988.
6. A. LE ROUVREUR, *Sahéliens et Sahariens du Tchad*, 1989.
7. ZAKARIA FADOUL KHIDIR, *Loin de moi-même*, 1989.
8. *La révolution éthiopienne comme phénomène de société*. Essais, témoignages et documents réunis par J. TUBIANA, 1990.
9. MAHAMAT HASSAN ABBAKAR, *Un Tchadien à l'aventure*, 1992.
10. *Le temps et la mémoire du temps*. Anthropologie et histoire. Textes réunis par M.-J. TUBIANA, 1995.

INTRODUCTION

D'avril 1990 à Juin 1993 des Journées d'Études, animées par Marie-José Tubiana et Anne Luxereau, se sont tenues régulièrement à l'INALCO sur le thème “Environnement et sociétés”. Elles ont réuni une trentaine de chercheurs et d'étudiants relevant de disciplines diverses – naturalistes, géographes, économistes, linguistes, anthropologues, sociologues – tous désireux d'aborder les problèmes posés avec les approches spécifiques liées à leur discipline mais dans le souci constant d'établir une inter-compréhension.

Notre objectif était double. A partir de cas précis tirés de nos expériences de terrain, nous voulions réfléchir aux modifications de l'environnement et aux transformations des sociétés, telles qu'on peut les observer sur un court laps de temps – une trentaine d'années – liées aux péjorations climatiques mais aussi aux bouleversements politiques et sociaux postérieurs à l'Indépendance. Nous voulions tenter de dégager le jeu des articulations entre transformations du milieu naturel et transformations des systèmes de production. Nous nous posions la question de savoir s'il existait une dynamique du changement capable de répondre à des préoccupations de développement, c'est-à-dire aux besoins plus ou moins formulés des pasteurs et des cultivateurs, et quels pouvaient être les freins susceptibles d'y faire obstacle.

Nous posions comme préalable à notre réflexion qu'il n'y a pas – et qu'il n'y a jamais eu – de sociétés qui ne soient pas capables d'innovations et qui ne soient pas ouvertes aux apports extérieurs. Les sociétés et les différents systèmes qui les régissent sont flexibles parce que vivants et se trouvent continuellement confrontés à des choix. C'est dans la perspective du devenir de telles sociétés que peut prendre place un processus de développement ou de quelque chose d'approchant. Nous préférons, en effet, parler de processus et non de développement, c'est-à-dire d'un ensemble de phénomènes qui s'échelonnent dans le temps et dont l'avancement est loin d'être linéaire : il peut y avoir des avancées et des reculs. Nous avons choisi de privilégier l'idée du changement, qu'il soit interne ou suscité par des éléments extérieurs, et de dégager les dynamiques qui peuvent se mettre en place à la faveur de ces transformations.

Notre domaine d'étude se situe en Afrique sahélo-soudanienne. Nous voulions mettre en relief la notion de complémentarité économique et sociale entre ces deux écosystèmes et les “genres de vie” différents qu'ils impliquent. Nous nous sommes aussi situés dans la réalité d'un découpage de l'Afrique qui n'est pas celle du découpage politique en États ou en régions qui s'arrêtent aux frontières, mais qui – pour le domaine retenu – traverse l'Afrique de l'Atlantique à la Mer Rouge, comme nous l'apprennent les pasteurs.

Certains des participants à ce séminaire tout en le nourrissant d'apports novateurs n'ont pas donné d'articles, estimant que ce qu'ils avaient dit se trouvait déjà exprimé dans des publications antérieures ou allait paraître dans des travaux sous presse. Mais les interventions de Monique Chastanet sur les stratégies de cueillette, d'Igor de Garine sur la place de certains végétaux dans la soudure alimentaire, d'Hubert Gillet sur les techniques de mise en défens des pâturages et d'André Bourgeot sur la politique de constitution des réserves naturelles ainsi que de Philip Bradley sur la gestion de l'arbre dans des régions à fort peuplement nous ont permis de mieux cerner les problèmes d'appropriation et d'utilisation de la nature. Celles de Jean-Pierre Magnant sur l'interrupion de la transmission des connaissances techniques d'une génération à l'autre, de Claude Raynaut sur les inégalités foncières observées au Niger, de Nathalie Cornec sur les répercussions humaines des grands projets rizicoles et de Jeanne-Françoise Vincent sur l'eau et le pouvoir chez les montagnards Mofu du nord-Cameroun ont insisté sur la place de l'homme dans les transformations de l'environnement. Michel Lesourd a posé la question du rôle et de l'action de l'État dans la lutte contre la désertification et Henri-Noël Le Houérou a dressé un tableau "prévisionnel" de l'évolution pastorale des zones arides au nord et au sud du

Sahara. Communications et débats ont alimenté nos réflexions. Nous remercions vivement les uns et les autres pour leur participation active.

LE PASTORALISME MENACÉ

Les pasteurs de la zone sahélienne sont périodiquement confrontés à des crises liées à la fragilité de leurs écosystèmes sans cesse menacés par la sécheresse. L'état des lieux proposé par Edmond Bernus et Marie-José Tubiana prend non seulement en compte les risques climatiques mais souligne leur aggravation due aux choix politiques, en examinant les cas extrêmes de désertification, de famines et de déplacements de populations, volontaires ou forcés. Leurs analyses posent un problème de choix de société : les pasteurs doivent-ils abandonner l'élevage extensif ? Doivent-ils gérer différemment les espaces pastoraux en réhabilitant les écosystèmes naturels ? Les arguments avancés en faveur de la deuxième proposition mettent en avant la dimension humaine du développement pastoral. Ce n'est pas forcément le choix fait par les "développeurs" ou les gouvernements.

Une des conclusions de ces deux chercheurs montre qu'il n'y a pas de solution globale et que les problèmes doivent être analysés région par région et les propositions expérimentées de la même manière, cas par cas. Le succès de l'introduction, chez des pasteurs sédentarisés, d'une nouvelle plante fourragère sur les plateaux camerounais avec l'extraordinaire transfert du “Kikuyu grass” (*Pennisetum clandestinum*) d'un côté à l'autre du continent, présenté par Jean Boutrais, est un exemple de ces initiatives réussies. Mais cette graminée demande un climat humide et de hauts plateaux fertiles. Ce qui réduit ses possibilités d'extension et conduit notre réflexion au-delà du domaine sahélien.

Une autre conclusion affirme avec force que les réponses ne peuvent, en aucun cas, être apportées de l'extérieur, encore moins être “transférées” autoritairement. Il incombe aux intéressés d'exprimer leurs besoins et leurs priorités et de produire des savoirs nouveaux adaptés à des situations nouvelles à partir de leurs savoir-faire respectifs.

Si nous avons souligné la complémentarité "idéale" des échanges entre pasteurs et agriculteurs, nous n'ignorons pas pour autant – bien qu'ils ne soient pas abordés ici – les conflits multiples qui éclatent entre ces deux partenaires. La descente massive de pasteurs dans la zone soudanienne à la recherche de pâturages et l'avancée d'un front pionnier de mise en culture dans la zone sahélienne donnent lieu à bien des affrontements. Des recherches portant sur les effectifs d'hommes et d'animaux restent à mener. On sait que la répartition des uns et des autres a changé avec l'afflux vers les villes ou les migrations vers des régions mieux arrosées, mais nous manquons de descriptions de situations réelles. Nous avons ressenti ce manque sans pouvoir le combler. Peu de chiffres avancés sont fiables qui correspondent toujours à des estimations globales.

L'AGRICULTURE EN CRISE

Divers handicaps ont été invoqués pour tenter d'expliquer les crises vécues par les agriculteurs. Claude Pairault s'interroge sur une inadéquation des savoirs face à des situations nouvelles. Il prend l'exemple d'une irruption massive de migrants (éleveurs et pêcheurs) dépossédant des autochtones qui n'ont pas su se montrer compétitifs dans l'exploitation de leurs propres ressources. Est-ce dû simplement à un décalage dans le niveau de richesse des uns et des autres ? N'est-on pas plutôt en face d'hommes désorientés par des innovations techniques sophistiquées dont ils se sont sentis exclus ?

Anne Luxereau montre que, dans des régions où l'extension des surfaces cultivées et l'érosion des sols a provoqué une situation nouvelle de saturation foncière, les problèmes d'accès à la terre et de conservation de la fertilité des sols ne s'exercent plus au niveau des villages ou des lignages mais à celui des chefs de familles. Ceux qui ont pu bénéficier d'une épargne monétaire, notamment au moment des accidents climatiques, ont mis en œuvre un processus de capitalisation des terres et des moyens de production. Un fort mouvement de changement social peut mettre en cause les anciennes hiérarchies.

ÉCHANGES DÉTOURNÉS – NOUVEAUX ÉCHANGES

Claude Arditi montre à partir de l'exemple du Tchad que les interventions de l'État dans le stockage et la commercialisation des céréales ont, de la période coloniale à nos jours, de nombreux traits communs. En effet, les greniers de réserve, les sociétés de prévoyance, les offices céréaliers ont été créés parce que les paysans étaient jugés imprévoyants et les commerçants exploiteurs. Afin de réguler le marché des céréales en milieu rural mais surtout dans les villes il paraissait aisé de constituer des stocks à partir d'achats effectués à la récolte et de les conserver jusqu'à la prochaine soudure.

Malheureusement les bonnes et mauvaises années alternent de manière imprévisible. L'augmentation des prix des céréales en période de soudure est donc loin de constituer une règle générale. Les politiques mises en œuvre à partir de ce postulat n'ont donc pu être efficaces, d'autant que le clientélisme et la corruption ont caractérisé les institutions qui en sont à l'origine.

De nos jours les marchés céréaliers sont devenus complexes dans la mesure où des importations en provenance du marché mondial (blé et riz), l'aide alimentaire revendue par les offices céréaliers ainsi que des flux de céréales provenant des pays voisins en sont les principales composantes.

Catherine Quiminal nous montre avec la migration des Soninké en France, et leur organisation en associations à la recherche d'initiatives dirigées vers leur pays d'origine un exemple d'impulsion spontanée. L'analyse des dynamiques en présence met en évidence les tensions propres à cette situation qu'est la migration et la manière dont hommes et femmes y répondent. Les projets des hommes ne sont pas des projets de retour, les aspirations des femmes peuvent ne pas être des ruptures. Pour les uns comme pour les autres il s'agit de penser l'avenir hors des cadres existants.

Si à travers la plupart des communications nous avons mis apparemment l'accent sur les freins au développement, nous avons aussi cherché à souligner les alternatives, c'est-à-dire l'autre côté du miroir.

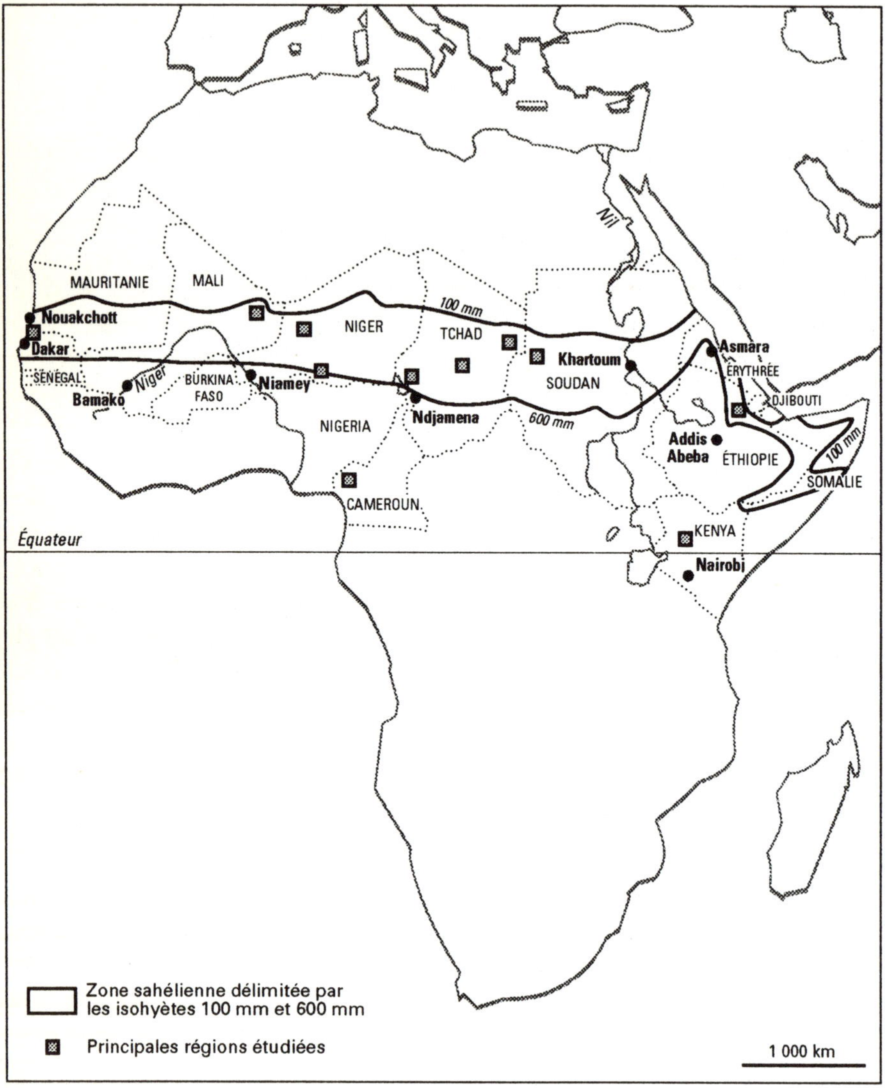
MAURITANIE
MALI
NIGER
TCHAD
Nil
100 mm
Nouakchott
Dakar
SÉNÉGAL
Bamako
Niger
BURKINA FASO
Niamey
NIGERIA
Ndjamena
600 mm
Khartoum
SOUDAN
Asmara
ÉRYTHRÉE
DJIBOUTI
Addis Abeba
ÉTHIOPIE
100 mm
SOMALIE
CAMEROUN
KENYA
Nairobi
Équateur
Zone sahélienne délimitée par les isohyètes 100 mm et 600 mm
Principales régions étudiées
1 000 km

DÉSERTIFICATION ET FAMINES AU SAHEL

Les cas du Tchad, du Soudan et de L'Éthiopie

Marie-José Tubiana
CNRS-CERAOC (INALCO)

Un sol dénudé parcouru de profondes fissures qui le découpent comme un dallage irrégulier, des ossements d'animaux blanchis par le soleil dans un paysage au ciel vide ou, aux abords d'une grande ville, une vache contrainte pour subsister à manger une caisse en carton... et surtout ces enfants squelettiques, au regard insoutenable, prostrés et ces camps de réfugiés où, sous des bâches ou des plastiques, s'entassent des milliers d'individus affaiblis qui ont échoué là dans l'attente d'être secourus, en proie à la faim, à la maladie, à la mort quotidienne. Telles sont les images qui nous sont parvenues par la presse, la télévision... sans parler des chiffres faisant état de milliers, de millions de personnes en danger dans la zone sahélienne, entre le désert et les savanes soudaniennes, de la Mauritanie et du Sénégal à l'Éthiopie en passant par le Mali, le Burkina-Faso, le Niger, le Tchad et le Soudan, sur une étendue de 300 ou 400 km de large et sur près de 6.000 km de long (croquis 1).

Les termes "Sahel" et "zone sahélienne" que nous utilisons fréquemment aujourd'hui en les appliquant à cette région qui prend l'Afrique en écharpe de l'Atlantique à la Mer Rouge sont d'introduction récente dans les milieux scientifiques, bien que le terme sahel "rivage", emprunté à l'arabe *sāḥil*, ait été utilisé de longue date par les populations arabophones pour désigner des situations locales particulières, caractérisant par exemple les Sahel algérien, tunisien ou érythréen où il s'agit bien d'une zone côtière.

Aujourd'hui, on applique le terme Sahel à une région caractérisée par un ensemble de conditions particulières concernant le régime des pluies, la nature des sols, les types de végétation et l'utilisation que font les hommes de cet espace.

On peut dire qu'il n'y a pas un Sahel mais des Sahel (s) et si le facteur déterminant reste celui de la pluviométrie avec une limite septentrionale nette (100 mm), la limite méridionale est très fluctuante selon les auteurs puisque certains étendent cette zone jusqu'à 1000 mm annuels. Pour notre part, nous retiendrons (avec la plupart des géographes et botanistes) la limite 600 mm pour déterminer le Sahel pluviométrique. Ce que certains appellent le Sahel géographique est plus contestable : s'il part bien de Dakar, il ne peut s'arrêter au Tchad et encore moins à Ndjaména ; il ne peut se restreindre aux seuls pays du Comité inter-États de lutte contre la sécheresse (CILSS). Le Sahel s'étend jusqu'à la Mer Rouge même si sa partie Est ne présente pas la même homogénéité, en particulier à cause des parties montagneuses importantes. Les hauts plateaux éthiopiens feront partie de notre étude, tout comme les basses terres de l'Éthiopie et de l'Érythrée. Mais nous distinguerons deux Sahel : le Sahel agricole des sédentaires et le Sahel pastoral des nomades. Les uns et les autres ont eu à faire face aux sécheresses et aux famines et ont dû adopter des stratégies de subsistance.

UN ÉCOSYSTÈME FRAGILE

Une pluviométrie irrégulière

Dans la zone sahélienne comprise entre les isohyètes 100 et 600 mm annuels il convient de découper l'espace en trois sous-zones : une saharo-sahélienne entre 100 et 200 mm d'eau, une sahélienne proprement dite entre 200 et 400 mm, à laquelle je me réfèrerai plus particulièrement ici, et une soudano-sahélienne entre 400 et 600 mm (Le Houérou, 1989 : 5 et 27). Ce découpage permet une lecture spatiale plus nuancée et surtout plus conforme à la réalité. Dans la zone soudano-sahélienne les cultures sous pluie sont possibles, la zone sahélienne proprement dite est le lieu d'une agriculture aléatoire (sauf dans quelques bas-fonds) associée à un élevage pastoral extensif et la zone saharo-sahélienne est vouée au nomadisme pastoral avec dans les oasis des cultures de palmiers-dattiers associées à des jardins.

Mais les moyennes annuelles sont trompeuses. On tiendra également compte des oscillations climatiques : plusieurs années successives déficitaires en pluies comme le furent les années 1970-74 et 1984-85, pour ne parler que des plus récentes, transforment le Sahel en une extension du désert, plusieurs années de bonne pluviométrie permettent au Sahel de reconquérir son espace sur l'aridité mais peut être pas sa diversité botanique.

D'une manière générale, on peut dire que les pluies sont concentrées sur trois mois de l'année, mais le plus souvent deux, avec un maximum en août. Il faut donc franchir au moins neuf mois de saison sèche, avant d'atteindre une courte saison des pluies d'une telle irrégularité que dans les cas extrêmes plusieurs années entièrement sèches peuvent se succéder. Certaines années, le total des précipitations est insuffisant ; en d'autres, bien que le total soit assez élevé, les chutes de pluie ne sont pas suffisamment espacées pour permettre le renouveau des pâturages et la germination des céréales ou bien les averses sont trop fortes au moment de l'épiaison et provoquent des phénomènes de "coulage". Nous sommes dans une zone où il convient de raisonner en termes de “pluies utiles”, critère qu'il faudra définir d'un point de vue écologique en tenant compte des milieux naturels et des espèces végétales qui les composent.

Des sols pauvres.

Les sols qui caractérisent cette zone sont le plus souvent de vastes étendues de sable, mais on rencontre aussi des plateaux cristallins d'où émergent des collines disloquées par l'érosion, ou de véritables massifs montagneux qui, de l'ouest à l'est, sont l'Adrar mauritanien, l'Adrar des Iforas, l'Aïr et l'Ennedi sur la partie septentrionale de la zone, les monts Mandara, les massifs du Wadday et du Dar For avec le complexe volcanique du djebel Marra sur sa partie méridionale. A l'Est du Nil, qui marque une coupure, les massifs montagneux de l'Éthiopie, plus compacts et plus élevés, ainsi que les massifs côtiers de l'Érythrée et de la Somalie du Nord modifient le découpage en bandes et repoussent le Sahel dans des zones basses (*qwolla* au-dessous de 800 m en Éthiopie où les isohyètes épousent alors les courbes de niveau) ainsi que dans les régions côtières. De l'autre côté de la Mer Rouge, le Yemen aussi appartient au Sahel une fois franchie le zone côtière montagneuse.

On trouve aussi par endroits des fonds plats argileux qui recouverts d'eau pendant la saison des pluies prennent l'aspect d'un dallage craquelé et profondément crevassé pendant la saison sèche.

Une végétation steppique.

La végétation est celle d'une steppe à graminées et épineux du moins dans la zone sahélienne proprement dite qui est celle de nos observations. Les botanistes (M. Baumer, H. Gillet, J.N. Le Houérou, P. Quezel, G. Wickens, etc.) ont identifié plus de cent sortes de graminées pérennes ou annuelles du type *Aristida, Eragrostis, Panicum*, etc. Elles se développent avec les pluies, restent vertes quelques jours, parfois semaines, puis s'effritent sous l'action du vent ou restent en place sous forme de paille. Elles constituent pour les animaux un fourrage vert pendant un court laps de temps et un fourrage sec utilisable toute l'année.

Parmi les arbres on rencontre toutes sortes d'acacias : *Acacia scorpioides*, *seyal*, *senegal*. On trouve aussi le spectaculaire *Faidherbia albida* sur les bords ou au milieu des *wadi* (rivières qui ne coulent que quelques jours par an dans leur lit de sable), arbre qui couvre de son ombre beaucoup de puits permanents. Ajoutons le providentiel *Balanites aegyptiaca* dont les utilisations alimentaires et médicinales, tant pour les hommes que pour les animaux, sont multiples.

Presque tous ces arbres sont pour les chameaux des "pâturages aériens" et si les humains consomment leurs fruits, les chameaux broutent les rameaux feuillus, les gousses des acacias et même les épines pendant une bonne partie de l'année. D'autres arbres sont en outre de bons pâturages à chèvres comme *Maerua crassifolia* dont les bergers font tomber avec un bâton crochu les fruits et les feuilles hautes que les chèvres dressées sur leurs pattes arrière ne peuvent atteindre.

La rareté et l'irrégularité des pluies, la nature des sols, leur fragilité, les ressources exiguës du milieu naturel créent un écosystème vulnérable que l'homme exploite en étant agriculteur ou éleveur, avec tous les risques que cela comporte, associant parfois les deux activités pour les atténuer.

Une agriculture aléatoire

La mise en culture de champs de mil, grands champs collectifs ou petits champs individuels, se présente dans cette zone comme une agriculture aléatoire. Si quelques journées de travail suffisent pour défricher un champ, semer en ouvrant légèrement la terre avec une houe (ou avec l'araire tirée par une paire de bœufs comme en Éthiopie) et sarcler avec l'*iler*, la probabilité d'obtenir une récolte est faible. Il n'est pas rare d'ensemencer un champ plusieurs fois parce que les graines n'ont pas levé faute de pluie. Il n'est pas rare non plus de récolter moins que l'on a semé et, lorsque les pluies sont favorables et que la récolte s'annonce bonne, il faut encore défendre son champ contre les oiseaux "mange-mil", contre les sauterelles et autres prédateurs.

Dans les jardins, aménagés après les pluies dans les lits ou sur les bords des *wadi*, on fait pousser tomates, oignons, piments et gombos (*Hibiscus esculentus*). On plante aussi, depuis peu de temps, quelques arbres fruitiers : agrumes, manguiers et goyaviers. Celui qui se donnera la peine de creuser un puits dans son jardin et d'arroser quotidiennement, de protéger ses plantations de la dent des chèvres avec un abattis d'épineux, ou une clôture de palmes entrecroisées dans les oasis, récoltera. Il faudra là aussi écarter les nuées d'oiseaux et de sauterelles.

La recherche de nourritures sauvages.

Cette agriculture à haut risque incite l'éleveur et l'agriculteur à se procurer par la cueillette un complément d'alimentation. La récolte de céréales, de baies, de fruits sauvages et de racines constitue une part importante des activités des femmes, des jeunes enfants et des bergers. Plantes et arbres, graines, fruits et feuilles sont connus et inventoriés, non par un petit nombre de spécialistes, mais par tous. Ces nourritures "sauvages" sont, pour chacun, le moyen de suppléer à des insuffisances alimentaires et par là même de subsister. Elles apportent un appoint important en farine, en sucre et en huile. Les fruits peuvent, le plus souvent, être consommés sitôt cueillis comme le font les bergers, mais la plupart du temps ils sont conservés dans les greniers, tout comme les céréales, et utilisés au fur et à mesure des besoins. L'excédent des produits de cueillette est commercialisé sur les marchés locaux.

Il ne faut pas négliger l'apport en viande fourni par la chasse, activité qui est le plus souvent aux mains de spécialistes appartenant à une caste. Ainsi au Tchad, au temps où il y avait du gibier, la chasse des gazelles aux filets était pratiquée par les *may* des Zaghawa et les *azza* des Daza qui en commercialisaient la viande séchée. Aujourd'hui les rares animaux sauvages sont abattus au fusil ou à la kalachnikov.

Un élevage extensif.

Mais bien plus qu'à l'agriculture, la zone sahélienne strictement dite est favorable à l'élevage. Entre 400 et 200 mm de pluie elle convient à de nombreuses espèces animales : camelins, bovins, ovins et caprins, mais au-dessous de 200 mm elle est surtout le domaine des camelins. Certains groupes, selon leur localisation seront donc plutôt des éleveurs de chameaux (Maures, Touareg, Téda, Afar, Somali), d'autres des éleveurs de bœufs (Peul, Daza, Missiriyé "rouges" dits Humr du sud Kordofan, Oromo) tandis que d'autres présenteront l'originalité d'élever séparément camelins et bovins, dont les exigences sont différentes (Zaghawa, Arabes Ouled Zed).

Mais ces activités ne sont rendues possibles que par la mise en œuvre d'une utilisation rationnelle des ressources en eau et en pâturages. Pour les chameaux (auxquels sont parfois associés les moutons) le schéma très général est le suivant : après les pluies les troupeaux se dirigent vers le Nord plus aride (Aïr pour les Touareg du Niger, wadi Hawar et pâturages à *djizu* pour les Zaghawa, les Kababish et les Ziyadiyé du Dar-For, etc.) pour profiter de l'herbe nouvelle qui sera bientôt desséchée par le soleil, en s'abreuvant aux mares temporaires ou en se contentant de ce type de pâturage pour étancher leur soif. Ils regagnent en saison sèche les puits permanents situés dans les zones où les cultures sont possibles ou, dans certains pays, les forages modernes, se contentant alors de courts déplacements autour des points d'eau à la recherche des pâturages mis en réserve.

Durant les années où les pluies sont bonnes les mouvements de transhumance sont réguliers et s'accomplissent selon des itinéraires bien déterminés. Mais durant les périodes de sécheresse les bergers abandonneront les circuits habituels où ils ne peuvent rien trouver et iront de plus en plus loin vers le Sud à la recherche d'eau et de pâturages. Ceci n'est pas sans provoquer des conflits avec les cultivateurs "utilisateurs" des terres qui, avec la pression démographique, mettent de plus en plus de champs en culture, laissant peu de place pour la venue des troupeaux.

De leur côté, les cultivateurs ont tendance, malgré le risque de récoltes aléatoires, à empiéter sur l'aire des pâturages en progressant vers le Nord en un véritable "front pionnier agricole". Ainsi au Niger des textes législatifs ont dû être promulgués pour stopper cette montée vers le Nord. On peut imaginer que les années de sécheresse ont aussi donné un coup d'arrêt à ce mouvement. Mais qu'en sera-t-il lorsque de bonnes années se succéderont ? On perçoit là l'enjeu que représente la zone sahélienne, malgré sa fragilité, face à l'accroissement démographique.

Une zone de contact.

Le Sahel est aussi une zone de contact largement ouverte. Les circuits caravaniers qui l'ont traversé de tous temps, dans tous les sens, du Sud au Nord et du Nord au Sud, et également d'Ouest en Est et d'Est en Ouest, en particulier sur la route du Pèlerinage à La Mecque qui est également une route commerciale, sont toujours fréquentés aussi bien par les camions gros porteurs que par les caravanes de chameaux. Les uns et les autres continuent à approvisionner les populations du Sahel en céréales, en sucre, en thé, en tissus, en produits transformés ou manufacturés et à apporter sur les marchés du Sud du sel, des dattes et des animaux.

*
* *

Vivre en milieu sahélien consiste à établir un équilibre délicat entre des disponibilités en eau limitées, une production vivrière et une production animale pas toujours capable de satisfaire les besoins en nourriture des populations rurales, et des échanges commerciaux basés sur la complémentarité des productions. L'accroissement récent de la population et l'accroissement concomitant des troupeaux ont provoqué un premier déséquilibre. Celui-ci a été relativement maîtrisable durant les années de bonne pluviométrie mais la surcharge des pâturages et l'érosion des sols auraient nécessité un premier cri d'alerte qui, lorsqu'il a été poussé, n'a pas été pour autant suivi d'effets. Lorsque des conditions climatiques défavorables sont apparues, avec des pluies constamment inférieures au minimum utile, le déséquilibre s'est accentué jusqu'à provoquer les cycles catastrophiques de sécheresses, famines, exodes, que nous avons connus dans les années 70 et plus tard dans les années 80. De telles situations ont profondément frappé la conscience mondiale mais n'étaient pas pour autant nouvelles en Afrique ni imprévisibles.

LA SÉCHERESSE : UN PHÉNOMÈNE RÉCURRENT

Les famines dans l'histoire.

De tout temps l'Afrique sahélienne a souffert de famines, plus ou moins localisées, plus ou moins longues, plus ou moins meurtrières. Années sans pluie ou avec un total pluviométrique insuffisant, pluies décalées dans les saisons, années consécutives de sécheresse ne constituent pas une nouveauté.

L'histoire a su conserver le souvenir de telles périodes et les utilise pour jalonner sa chronologie comme autant de points de repère. La grande famine qui a atteint le Nord du Tchad dans les années 1913-14 et qui selon les estimations aurait fait 300.000 victimes sur une population totale que nous avons du mal à estimer est restée vivement présente dans la mémoire des populations. Elle a reçu le nom de *amm sådur*, ce qui, dans l'arabe local, signifie "la mère de la poitrine" ; l'explication est à chercher dans le fait que beaucoup d'hommes et de femmes affaiblis ont été emportés par des affections pulmonaires. Encore aujourd'hui son souvenir alimente les conversations et les chefs de l'époque sont jugés selon les réactions qui leur sont attribuées dans ces circonstances tragiques (annexe 1).

Au Niger, la famine de 1870 est connue sous le nom de "famine des calebasses" parce que la pénurie de grains fut telle qu'il ne restait que des calebasses à manger : elles étaient pilées dans un mortier, réduites en farine et mélangées à certaines feuilles. La famine de 1913 fut comme au Tchad celle des affections pulmonaires "la famine de la grande poitrine". En 1966-68 la famine entraîne un exode massif vers Niamey où se crée un quartier des populations victimes de la sécheresse. En 1973-74, la famine précipite le coup d'état militaire.

Les famines qui frappèrent l'Éthiopie sont souvent mentionnées dans les "Chroniques royales". Plus de dix famines sont signalées du XVIème et au XVIIème siècles et des années de détresse apparaissent en 1800, 1835, 1865 ainsi qu'une grande famine de 1888 à 1893 durant laquelle le tiers de la population aurait péri. Plus proches de nous, des famines sont mentionnées en 1913-14 (elles semblent avoir touchées une bonne partie de l'Afrique), en 1932-34 dans tout le Sud de l'Éthiopie, en 1953 dans le Nord. Celle de 1957 aurait fait plus de 100.000 morts, puis se suivent celles de 1966, de 1970 et de 1973 qui ouvrirent les yeux du monde sur une situation malheureusement chronique et ancienne, affectant le Nord-Est de l'Éthiopie et tout particulièrement le Wällo, avec un nombre impressionnant de morts, estimé à 250.000, hâtant la chute du régime impérial.

Toutes ces dates servent de points de repère dans l'histoire orale des familles et il n'est pas rare de faire référence à une famine pour préciser la date d'une naissance, d'une mort ou d'un événement important. Quant aux famines récentes des années 70-74 et 84-85, elles font déjà partie de la mémoire nationale.

Ce qui a changé c'est la connaissance que nous avons de ces désastres. Alors qu'autrefois celle-ci restait limitée à la région affectée, aujourd'hui les informations - lorsqu'elles ne sont pas tenues un certain temps secrètes - sont diffusées dans le monde entier et les images arrivent jusque dans nos maisons.

Les estimations officielles chiffrent par millions le nombre des personnes touchées par la sécheresse. On ne saura sans doute jamais le nombre exact de morts dans les diverses provinces touchées, ni celui de tous ceux qui ont souffert de malnutrition perturbant leur développement. Car n'oublions pas que la famine tue aussi à long terme.

Les causes de l'aggravation.

Toutefois ces catastrophes semblent avec le temps avoir pris une ampleur, inconnue jusqu'alors, concernant l'extension de la zone touchée et l'importance des populations atteintes. Pour apprécier les causes de cette aggravation plusieurs facteurs doivent être pris en compte.

L'essor démographique de ces dernières années semble avoir été déterminant. Si nous prenons l'exemple de l'Éthiopie, on estimait autour des années 60 sa population à 23 millions. Le recensement (par sondages !) de 1984 fait état de 42 millions d'habitants. Et ceci malgré les milliers de morts dûs à la famine de 1973.

Mais la production agricole n'a pas suivi la progression démographique. Les techniques agraires sont restées en gros identiques. On cultive les mêmes plantes, et même dans les exploitations modernes, qui utilisent des machines, les rendements globaux des cultures vivrières n'ont pas augmenté sensiblement. Avant la révolution les paysans n'étaient pas incités à s'investir dans la production ni par la fiscalité, ni par les prix du marché, ni par les prélèvements excessifs des propriétaires dans le cas des fermiers. La réforme agraire a incité les paysans à produire à leur propre profit, mais rapidement le collectivisme (fermes d'état, etc.) les a découragés. Il s'ensuit que la production alimentaire n'a pas augmenté au rythme de la population. Cette constatation se retrouve à l'échelle de l'Afrique : "Au cours des quatre dernières années la production agricole globale du continent africain n'a progressé que de 0,1 % par an, alors que l'augmentation annuelle de la population était de 3 %" (*Lettre d'Afrique*, 30 avril 1985). Il sera bien entendu indispensable d'étudier ces mouvements pays par pays et régions par régions, surtout si l'on souhaite promouvoir des échanges interafricains.

Les conséquences directes de cette situation ne se sont pas fait attendre : utilisation plus intensive des sols en ne respectant plus les mises en jachère et surtout déboisement important pour augmenter les surfaces cultivées. Une mission F.A.O., effectuée fin 1984, ayant pour tâche d'évaluer les possibilités de production agricole de l'Éthiopie signalait que “les forêts qui couvraient il y a 20 ans environ 16 % du territoire n'en couvrent plus que 3 à 4 % !” Dans tous les pays d'Afrique, on coupe les arbres pour bâtir des maisons, se chauffer, faire la cuisine, et on ne reboise pas ou on ne reboisait pas, car il semble que cette attitude soit en train de changer. En Éthiopie, on a recours à l'Eucalyptus à la pousse rapide dont les plantations remontent au début du siècle. Ce qui n'est pas le bon choix quand on connaît les exigences en eau de cet arbre. Les autorités révolutionnaires s'étaient attaquées dans les années 80 au problème du reboisement en espèces indigènes de certains massifs forestiers presque détruits et les résultats positifs sont aujourd'hui visibles autour d'Addis Ababa.

La dégradation des sols par surexploitation et la déforestation ont produit les effets nocifs prévisibles. Les sols, cultivés en permanence, sans les jachères traditionnelles, sans apports fertilisants complémentaires, se sont appauvris. Les surfaces dénudées et pentues ont vu leurs éléments les plus fertiles entraînés par les eaux de ruissellement et le vent. Par ailleurs, la diminution des surfaces forestières a modifié le régime pluviométrique de la zone en question et même des zones voisines. Il est semble-t-il aujourd'hui reconnu par les géographes et les hydrologues que les phénomènes de désertification que connaît le Burkina Faso sont en partie dûs à la déforestation de la Côte d'Ivoire.

L'accroissement de la population urbaine a apporté un nouveau facteur aggravant. On estime que la population des villes a quadruplé dans ces trente dernières années. Ceci est dû en grande partie à l'exode rural qui s'accélère en période de famine, mais aussi à l'amélioration des soins de santé et à une mortalité plus faible dans les villes. Or si le monde rural, en dehors des périodes de sécheresse aiguë ou prolongée, est relativement auto-suffisant, il n'a pas pour autant la capacité d'alimenter le monde urbain, qui lui, ne produit pas. Par ailleurs, la demande des citadins se porte de plus en plus (l'exemple du Sénégal est tout à fait significatif) sur le riz et le blé et non sur les céréales traditionnelles comme le mil et le sorgho. Mais les productions de riz et de blé, en cultures irriguées modernes, sont loin de croître au même rythme que les besoins. Autour des années 70, le déficit céréalier a été estimé à 30 % de la production. Il n'a fait que s'accroître. L'Afrique sahélienne a dû importer des céréales (riz de Thailande) et surtout faire appel à l'aide alimentaire qui a dû augmenter dans des conditions considérables.

Finalement on se retrouve confronté au tableau suivant : une population accrue, des ressources alimentaires n'ayant pas augmenté en proportion et un écosystème dégradé. Dans les années climatiques bonnes on obtient un équilibre alimentaire très précaire où les gens vivent avec le strict minimum, parfois à la limite de la malnutrition. Qu'une mauvaise année ou une succession de mauvaises années survienne, c'est la famine.

Quand il se trouve que les régions éprouvées par la sécheresse et la famine servent de base à des oppositions armées, certains ont vite fait de penser qu'affamer les gens est une manière comme une autre de les combattre. On affamera, en même temps que les combattants, femmes, enfants et vieillards. Mais les hommes valides auront le plus souvent abandonné les champs pour rejoindre les rangs des combattants.

Le manque de prévisions.

Les actions entreprises par les gouvernements pour lutter contre de telles situations se heurtent à de nombreux obstacles.

Le premier est l'incapacité de prévoir qui caractérise les institutions en place et une inaptitude à bouger en dehors de l'événement. On rencontre pourtant dans différents pays d'Afrique des O.N.G. ou des Organisations Internationales qui ont mis en place des "Systèmes d'alerte précoce" qui se préoccupent de rassembler, mois par mois, tous les indices pouvant permettre de prévoir ce que seront les prochaines récoltes, l'état des pâturages, et la quantité et les prix des denrées disponibles sur les marchés. Mais il ne semble pas que ces résultats soient réellement pris en compte dans les prévisions au sommet. L'antagonisme "centre"/"périphérie se retrouve dans l'antagonisme "base"/"sommet" ou dans l'antagonisme "terrain"/"bureaux" !

Du fait de cette imprévoyance à laquelle s'ajoutent des facteurs qui sont rarement soulignés et qui sont d'une part la pudeur des gens qui pensent qu'ils vont s'en sortir par leurs propres moyens et l'amour-propre des gouvernements qui cachent le désastre le plus longtemps possible - ainsi quand en automne 1984 le monde occidental est alerté par la BBC sur la situation alimentaire catastrophique en Éthiopie, il y a déjà des milliers de morts - font que l'on a toujours à faire face à des actions d'urgence. Mais que peut être l'urgence dans des pays où l'on a le plus souvent affaire aux lourdeurs de la bureaucratie locale à laquelle se superpose la bureaucratie internationale ? Comment ne pas évoquer aussi la corruption au plus haut niveau, et la quantité de secours détournés ?

Toutes ces raisons qui se conjuguent pour retarder une action qui doit être, pour toutes les raisons évoquées, une action d'urgence nous font penser qu'à court terme la seule réponse doit être une réponse paysanne : constituer sur place des réserves qui pourront, le moment venu, faire office de régulateur.

LA LUTTE CONTRE LA FAMINE : LES ÉCHECS SUCCESSIFS

Le cas de l'Éthiopie est exemplaire. Là, plus qu'ailleurs, l'exacerbation des problèmes aidera à mieux comprendre la situation des paysans, l'attitude des gouvernements, les limites des interventions extérieures (aide internationale, O.N.G.) et les choix politiques opérés.

Quand en 1973 l'opinion mondiale est alertée sur la sécheresse et la famine qui sévissent au Wållo et au Tigré, il y a déjà aussi des milliers de morts. Le Gouvernement éthiopien a longtemps dissimulé la situation pour des raisons de crédibilité internationale car il veut paraître compétent et efficace, empêchant les journalistes de se rendre sur place, faisant massacrer les étudiants qui s'étaient mobilisés pour apporter des secours, continuant à polir sa façade de respectabilité.

Quand arrivèrent les années de sécheresse, le paysan se trouva rapidement démuni, ayant consommé jusqu'à sa réserve de semences et ayant abattu ses animaux pour les manger. N'ayant plus rien que son toit il n'eut d'autre ressource que d'abandonner son village et son champ et de partir à pied, parfois sur de longues distances. Il allait chercher du secours dans les villes à proximité desquelles se trouvaient des centres de distribution de vivres. C'est ainsi que se sont créés des camps de réfugiés surpeuplés. Notons pour l'Éthiopie Koräm et Mäqälié dont on a beaucoup parlé dans la presse. Ces deux camps portent le nom des villes à proximité desquelles ils étaient installés.

A Koräm on a dénombré jusqu'à 50.000 personnes, pour seulement deux puits. Il n'y avait plus de bois dans les environs donc impossibilité de faire cuire les aliments distribués. On mettait du riz dans de l'eau au soleil pour le faire ramollir avant de le manger. Le choléra sévissait dans le camp où vingt médecins soignaient en priorité ceux qu'ils espéraient pouvoir sauver. A Mäqälié on a dénombré jusqu'à 190.000 réfugiés. Il faisait froid la nuit, chaud le jour, on manquait de tentes. 350.000 morts en 1984, et probablement trois fois plus en 1985 : gens affaiblis, promiscuité, hygiène impossible, épidémies.

La réponse du monde extérieur fut d'envoyer de l'aide.

En 1974, elle est arrivée bien tard, mais l'alerte avait été donnée aussi bien tard.

Dès 1976, le nouveau gouvernement qui avait succédé au régime impérial a essayé de mettre en place des institutions pour, dans le court terme, secourir les sinistrés et, dans le long terme, prévenir le retour de telles crises. L'organisation dénommée *Relief and Rehabilitation Commission* se révéla être un mécanisme extrêmement compliqué et centralisé, caractérisé par une parcellisation des tâches, une excessive méfiance, une possibilité de manipulation et de détournement à tous les niveaux et surtout une grande lourdeur incompatible avec le fonctionnement d'un dispositif qui doit faire face à des urgences.

En 1984, c'est environ 10 mois après la première alerte que les premiers secours sont arrivés.

De même, la constitution de stocks de sécurité, qui auraient du être acheminés bien avant qu'une famine soit signalée, s'est avérée inefficace dans la mesure où ces stocks étaient centralisés et non mis en place dans les villages, débloqués sur ordre supérieur et non gérés par la communauté villageoise. C'est qu'entre 1973 et 1984 l'Éthiopie après avoir fait l'expérience de la réforme agraire, avoir été confrontée à la guerre en Somalie et en Érythrée, avoir perdu l'aide des Etats-Unis, s'était liée à l'URSS et s'était lancée dans la collectivisation en recentralisant le pouvoir aux dépens de l'autonomie acquise par les Associations de paysans au début de la Révolution. C'est à la même époque et dans le même esprit que commencera la “villagisation” : en février 1985 au Harärgé et en septembre 1986 sur une grande échelle au Gamo Gofa, après une interruption durant la saison des pluies.

Une autre réaction du gouvernement éthiopien aux problèmes posés par la sécheresse et la famine a été le transfert des populations. Les populations du Wållo et du Tigré venant de régions très affectées par la sécheresse ont été déplacées vers le Wällägga et l'Illubabor, c'est-à-dire vers des régions du sud-ouest riches, non touchées par la sécheresse, peu peuplées ou moins peuplées. On a acheminé les gens par camion ou par avion avec l'aide de l'Aeroflot. Ces transferts qui ont commencé dans les années 1976-77 se sont poursuivis jusqu'en 1985 et c'est plus d'un million et demi de personnes qu'il était prévu de déplacer autoritairement, l'enthousiasme n'étant pas très grand malgré un intense effort de propagande. Beaucoup de familles ont été ainsi séparées, les plus jeunes étant seuls sélectionnés pour le départ qui était présenté comme définitif. Une polémique dans les média occidentaux sur les déplacements de populations, assimilés à des déportations (article du *Sunday Times* de novembre 1985 affirmant qu'il y aurait eu de 50.000 à 100.000 morts), l'expulsion de Médecins Sans Frontières (le 2 décembre 1985) et la défection le même mois du major Dawit Wäldä Giyorgis, chef de la *Relief and Rehabilitation Commission*, ainsi que l'exode des populations vers le Soudan, semblent - bien qu'agissant à des niveaux différents - avoir freiné les déplacements de populations qui sont alors estimés à 580.000 personnes. Mais le 24 mars 1987 un discours du Colonel Mängestu devant le Comité central du Parti annoncera l'intensification des déplacements de populations. Un bilan reste à faire.

Le cas de l'Éthiopie que nous avons évoqué ici - encore trop brièvement étant donné sa complexité - offre des situations de paroxysme qui ont l'avantage de mettre en lumière l'intervention du politique dans la vie du simple citoyen, dans le cas qui nous préoccupe dans la vie du paysan. Ce ne sont pas les seules conditions climatiques qui amènent la sécheresse, la désertification et finalement la famine, il faut aussi prendre en compte l'intervention des hommes et en premier lieu de ceux qui détiennent le pouvoir et qui font les choix en votre nom mais souvent à vos dépens.

Chaque pays d'Afrique analysant les faits éthiopiens pourra réfléchir et voir comment dans son pays les gouvernants ont su aussi utiliser politiquement la misère de leur peuple. Certes les gouvernements locaux ne prennent pas l'initiative des désastres écologiques, mais ils les aggravent notablement et précipitent leur répétition par incurie.

EXISTE-T-IL DES MOYENS DE LUTTER CONTRE LA SÉCHERESSE ET D'ÉVITER LA FAMINE ?

La constitution de réserves

On sait que les régions où périodiquement sévit la famine sont normalement des régions à risques et qu'il faut donc en permanence prévoir ces risques.

Lorsque les années sont excédentaires il faudrait créer ou recréer l'habitude de constituer des stocks de sécurité en prévision des mauvaises années. Chaque société agricole possède ses greniers aux formes variées, creusés dans la terre ou posés à même le sol sur trois ou quatre pierres pour éviter l'humidité et les rongeurs. Ils sont en terre, en pierres ou en paille. On y entrepose les stocks alimentaires. Pour les protéger des insectes on connaît divers procédés (plantes, cendres, natron, etc.) qui permettent de conserver les céréales pendant trois ans au moins, quelquefois plus.

L'origine de ces stocks, réserves de céréales mais aussi de graines de légumineuses et de tubercules, est avant tout locale. Elle pourrait être aussi nationale - denrées excédentaires provenant de régions plus favorisées - ou encore internationale.

La mise en place de réserves jusque dans les villages les plus reculés - ce qui suppose un minimum de coordination - se heurtera bien entendu à l'insuffisance ou à l'inexistence du réseau routier. Il ne faudra pas négliger les moyens de transports habituels par pistes qui arrivent partout dans les différentes régions en utilisant les chameaux, les ânes, ou les mulets (en Éthiopie).

La naissance de groupements précoopératifs et les "banques de céréales"

Les "groupements villageois" sont nés le plus souvent sous l'influence de certaines O.N.G. (Organisations non-gouvernementales) lorsque autochtones et réfugiés ont du cohabiter sur un même terroir. Ils constituent une réponse aux problèmes de la famine. Au Tchad, ce fut le cas lorsque, après la sécheresse de 1984, des mouvements importants de populations eurent lieu en direction du lac Fitri et du lac Tchad. Des groupements sociaux nouveaux, de style précoopératif, se sont alors constitués en petites unités d'une trentaine de personnes motivées par une tâche à réaliser en commun : production céréalière ou horticole, reboisement etc.

Dans la région de Karal, au Sud du lac Tchad, fonctionnaient, en 1990, 108 groupements de ce type rassemblant 1 463 chefs de famille, offrant un grand brassage de populations, apparemment sans heurts, entre réfugiés et autochtones, sédentaires et anciens nomades. Dans cette région riche en terres de décrue du lac et particulièrement fertile, les groupements cultivaient mil et sorgho, mais aussi maïs et riz, en culture pluviale et en culture de décrue. Ils plantaient également du manioc, des pommes de terre et des patates douces, des cacahuètes, des haricots ainsi que des tomates, des gombos, des melons et des pastèques. C'est dans ce milieu écologique et humain favorable que, sous l'impulsion d'une O.N.G. destinée à l'origine à fournir un secours d'urgence, a été reprise l'idée des "banques de céréales", déjà expérimentées au Burkina Faso.

Il s'agit d'un collectif de groupements qui décide, au moment de la récolte, de stocker son surplus, au lieu de le vendre alors que les cours sont bas et qui choisit, pour les mêmes raisons, de grossir ce stock en faisant des achats sur les marchés locaux à des producteurs indépendants. Pour ces achats l'O.N.G. initiatrice accorde aux groupements qui le désirent un prêt allant jusqu'à 50 % ou plus des sommes nécessaires, sans intérêts, avec la seule obligation de restituer les sommes prêtées après la vente. Celle-ci se fait au moment de la soudure quand les prix sont plus élevés. Les groupements (sauf si la gestion a été mauvaise) retirent un bénéfice de la vente des produits stockés et les réinvestissent selon leurs besoins. Mais la vente peut être différée d'une année ou deux, si cela est économiquement souhaitable, en particulier si les prix n'ont pas monté du fait d'une année excédentaire. De plus, les affiliés à la banque et les paysans locaux indépendants qui, au moment de la soudure, auraient besoin d'acheter, bénéficieront d'un prix inférieur à celui du marché.

La constitution récente de "banques de céréales" qui sont des organisations villageoises d'intervention sur le marché et de stockage, fournit (comme les groupements) une réponse paysanne. Ces initiatives qui se développent un peu partout en Afrique sahélienne, devraient être encouragées, sans bouleverser le modèle qui est en train de faire ses preuves. Soulignons que le point de départ et le fonctionnement des "banques de céréales" telles qu'on peut les observer dans quelques villages sont bien différents des interventions de l'État dans le cadre des greniers de réserve et des sociétés de prévoyance de l'époque coloniale ou des offices céréaliers des états indépendants (voir la contribution de Claude Arditi dans ce même volume). La grande nouveauté consiste dans la maîtrise qu'ont les cultivateurs de la gestion de leur production.

L'accroissement des rendements

L'accroissement de la population demande, à partir d'une parfaite assimilation des savoirs paysans, l'introduction d'autres méthodes culturales, de plantes ou d'espèces nouvelles permettant de plus forts rendements. Cela demandera du temps pour le choix judicieux des nouveautés à introduire et pour l'effort d'éducation à faire auprès des paysans.

Il faudra se méfier de certaines graines sélectionnées qui donnent la première année d'excellents résultats et qui à la longue se révèlent plus fragiles et n'offrent plus alors de rendements supplémentaires. La plupart des paysans savent sélectionner eux-mêmes les graines destinées à la semence.

Il faudra prendre en compte les habitudes alimentaires qui ne peuvent être bouleversées de manière trop brutale et expliquer patiemment aux utilisateurs l'intérêt de l'introduction de plantes nouvelles. Il faudra ne pas bouleverser les équilibres existants si l'on ne peut pas les remplacer par un nouvel équilibre qui apportera un plus. Dans la région du Logone, l'introduction du riz en créant des périmètres irrigués à la place du *yaéré* (écosystème qui associait la mise en culture de champs de sorgho rouge, l'utilisation de pâturages pour un élevage bovin et des activités de pêche) a détruit l'équilibre préexistant sans apporter de véritable amélioration. Par ailleurs, la consommation du riz n'a pas apporté aux femmes une économie de temps, comme cela était supposé, car elles ont pilé le riz pour confectionner "la boule" comme elles pilaient auparavant le sorgho. Cela n'a pas amélioré non plus la qualité de l'alimentation, l'apport en protéines du sorgho rouge étant très supérieur à celui du riz.

Le problème de l'eau.

Les agriculteurs et les éleveurs possèdent une maîtrise de l'eau, parfois très élaborée, que ce soit en saison des pluies ou en saison sèche.

Les paysans montagnards de l'Ader nigérien, des Monts Mandara (Nord Cameroun), du Djebel Marra (Soudan) et de certains massifs éthiopiens savent construire des murettes en pierres et bâtir des terrasses qui retiennent la terre arable et permettent à l'eau de s'infiltrer au lieu de ruisseler le long des pentes. Ils savent aussi élever de petits barrages en terre et en pierres en travers des cours d'eau intermittents, pour casser le flux de l'eau, créer des retenues temporaires qui permettront l'infiltration de l'eau ainsi que des cultures de contre-saison.

Les paysans des plaines sableuses, quant à eux, utilisent diverses techniques pour briser la mince pellicule qui recouvre la surface du sol et empêche l'infiltration de l'eau : l'abandon des tiges végétales sur le sol pour attirer les termites qui perceront cette croûte, le semis des graines en poquets pour que la plante lors de sa germination ait assez de force pour également percer la croûte, l'utilisation de l'*iler* au moment des semailles pour casser la croûte superficielle.

Ces exemples qui révèlent une parfaite connaissance de la nature et un savoir technique approprié seraient multiples si l'on voulait se donner la peine de les recenser. Ils ne sont pas toujours connus et lorsqu'ils le sont, ils sont rarement pris en compte par les "développeurs". C'est pourtant à partir d'un tel acquis que pourraient se bâtir les projets de développement.

Agriculteurs et éleveurs savent chercher l'eau et creuser des puits aussi bien dans le sable des *wadi* que dans les terrains argileux ou rocheux. Certains puits sont bâtis en pierres, d'autres ont des parois faites de troncs d'arbres soigneusement ajustés. Ils peuvent atteindre une profondeur de 20 mètres, 50 mètres ou plus. Le puisage se fait le plus souvent à la main, à l'aide d'une puisette attachée à une corde.

Des améliorations peuvent être apportées au niveau des techniques de puisage, de l'hygiène, de l'approfondissement des puits et de la construction des réserves d'eau.

Les améliorations empruntées aux populations voisines sont généralement celles qui se propagent le mieux. Plus récemment sont venus les transferts de technologie des pays industrialisés.

Le puits à balancier, utilisé pour exhaure une eau peu profonde (2 à 3 mètres) a été emprunté aux populations du Nord du Sahara et gagne du terrain, en particulier dans les oasis.

Le puits à traction animale utilisant une poulie, qui substitue à la traction verticale de l'homme la traction horizontale d'un animal, chameau ou âne, n'est pas courant dans la zone sahélienne mais gagne lui aussi du terrain. Ces deux types d'ouvrages reçoivent l'eau dans un bassin (cimenté ou en bois).

Les O.N.G. préconisent les puits busés avec margelle, ce qui est une amélioration notable pour la salubrité de l'eau mais exige une mise de fonds relativement importante.

Les administrations coloniales avaient commencé à construire des puits cimentés, équipés de moto-pompes à moteur diesel, ce qui a été poursuivi avec les indépendances. Mais les populations utilisant ce type de puits sont le plus souvent incapables de se procurer le carburant à leur frais ainsi que les pièces de rechange. Le problème du technicien capable de faire la réparation, en cas de besoin, est plus facile à résoudre, étant donné les excellents mécaniciens que peuvent devenir très rapidement les forgerons. On ne peut évidemment pas rejeter ce type d'ouvrage, mais il faut signaler que, dans l'état économique des pays concernés, il introduit souvent une forte dépendance vis-à-vis de l'extérieur.

Le transfert de technologie le plus spectaculaire est la station de pompage où le forage permet d'atteindre la nappe profonde (forages à 150 mètres, 200 mètres ou plus), ce que ne peuvent faire des procédés traditionnels. Ces stations installées dès 1960 (Niger : 80 stations mises en service entre 1963 et 1969 dans la seule région de Tahoua) sont équipées de moto-pompes, d'un dispositif de stockage d'eau et d'abreuvoirs en nombre considérable, pour satisfaire un grand nombre d'animaux. De tels ouvrages ont connu des difficultés financières, car il est plus facile, dans les pays du tiers-monde comme ailleurs, de trouver des crédits d'équipement que des crédits de fonctionnement et d'entretien, et surtout des difficultés pastorales sont nées de la surcharge des pâturages entourant les forages qui attiraient un nombre excessif d'animaux (voir annexe 2 sur les réactions des éleveurs).

Il apparaît, à la lumière des indications précédentes, que la politique d'hydraulique pastorale aurait dû être menée en doublant les stations de pompage (qui se sont révélées être un échec) d'un réseau de puits ayant un rôle de relais et de dissuasion pour éviter les concentrations animales, le surpâturage et la propagation des épizooties. Parallèlement aurait du être menée une politique de mise en défens des pâturages.

La constitution de réserves d'eau, enfin, ne semble pas avoir été inconnue des populations sahéliennes vivant dans les régions montagneuses, comme en témoignent les vestiges archéologiques (citernes au Soudan, Éthiopie, Érythrée). Aujourd'hui les barrages-réservoirs sont au programme de beaucoup d'O.N.G. Comme pour les stations de pompage, on évitera les réalisations grandioses, onéreuses et pleines de risques, et on tendra vers la multiplication de petits aménagements faciles à construire et gérer, chaque fois que cela apparaît possible. Les petits barrages-réservoirs édifiés par l'administration soudanaise, dans les années 1965-70, dans le Nord Dar-For, sont apparus à l'étude particulièrement bien adaptés. Construits avec des matériaux locaux (plus du ciment), avec la main d'œuvre locale et, dans le cas de deux d'entre eux, sur les plans d'un ingénieur, enfant du pays, ils permettent d'avoir de l'eau toute ou partie de l'année. Il en est de même pour les barrages-réservoirs du Nord-Wadday, nés après la sécheresse de 1984 de l'intervention d'O.N.G. étrangères, en partie relayées aujourd'hui par des O.N.G. nationales.

La mise en défens des pâturages, la mobilité des pasteurs et le reboisement

Parmi les autres stratégies qui peuvent être mises en œuvre pour lutter contre la sécheresse et prévenir la famine il ne faut pas oublier la mise en défens des pâturages, déjà évoquée en parlant des problèmes de surpâturage. Ceci est la seule manière de reconstituer un tapis végétal, appauvri ou même disparu, dans les zones de piétinements. La pratique du stockage du fourrage, connue de certains, pourrait être développée.

La mobilité des pasteurs doit être non seulement respectée mais encouragée. La transhumance telle qu'elle est pratiquée par la plupart d'entre eux apparaît comme la meilleure réponse aux impératifs bioclimatiques et à la demande des animaux en pâturages variés et en eau. L'amélioration pourrait porter sur l'extension des surfaces pâturées et surtout sur l'augmentation de leur qualité nutritive, par exemple en propageant certains fourrages naturels en fonction de leur indice d'appétence, aux dépens d'éléments peu ou pas pâturés, et donc en ensemençant certaines zones en graminées sauvages. La transhumance permet aussi de diversifier les troupeaux qui ne se déplacent pas dans les mêmes zones et d'associer dans un même déplacement différents types d'animaux : chameaux et moutons partent ensemble sur les pâturages à *djizu* (déjà signalés), où chaque espèce trouve la végétation qui lui convient. Cette diversification et cette dispersion des troupeaux constituent, cela va sans dire, une sécurité pour l'éleveur, en cas d'épizootie par exemple. Cela peut aussi être un atout dans les périodes de sécheresse.

Il faudra aussi se préoccuper de reboiser. Un grand nombre d'arbres fournissent, nous l'avons également évoqué, aux hommes et aux animaux, un complément de nourriture particulièrement apprécié en période de disette. Ce sont les arbres qui fournissent fruits, feuilles comestibles ou gousses, qui devront être replantés en priorité. Quand en plus, on constate que ce sont ces mêmes arbres, *Balanites aegyptiaca*, *Boscia senegalensis*, *Maerua crassifolia*, *Faidherbia albida*, qui ont le mieux résisté aux sécheresses, il paraît raisonnable de les préférer aux espèces étrangères, à la pousse plus rapide, mais qui sont moins résistantes et moins "nourricières". Le *Faidherbia albida*, capable de fixer l'azote atmosphérique, possède la capacité de fertiliser le sol, et permet de cultiver du mil sous son couvert avec des rendements bien meilleurs.

Amélioration de l'horticulture

Les jardins temporaires que font les femmes et parfois les hommes dans les lits des *wadi* et sur leur berges où elles cultivent, après les pluies, des tomates (qu'elles feront par la suite sécher), des piments, des oignons et des gombos, pourraient donner des résultats supérieurs. Ceux qui sont situés non loin des puits pourraient être arrosés, à l'image des jardins que l'on trouve dans les palmeraies. Une évolution est en cours : de nouveaux légumes sont cultivés, des arbres fruitiers sont plantés. Des hommes se sont mis également à faire des jardins et nous avons pu constater que les plants de tomates étaient maintenant, très souvent, plantés dans des trous peu profonds mais suffisants pour atteindre une zone plus humide : emprunt ou innovation ?

Bien d'autres points pourraient être abordés. Pour les éleveurs, on signalera l'intérêt qu'ils ont à vendre leur surplus de bêtes en début de saison sèche et chaude, lorsqu'elles sont au mieux de leur condition, l'intérêt qu'ils ont à s'organiser pour abattre les bêtes sur place, ce qui éviterait les longs déplacements des animaux sur pied vers les centres de consommation et les pertes qui s'en suivent, en poids et en nombre, l'intérêt à faire également sur place la transformation de la viande : viande séchée, viande en poudre. Mais toutes ces propositions demandent qu'une information soit faite pour accompagner la prise de conscience et motiver l'adhésion des producteurs.

Quand verra-t-on des *écoles rurales* ayant pour but de former des bergers ou des paysans, véritables techniciens de l'élevage et de l'agriculture ? Quand verra-t-on un *Institut de l'élevage et de l'agronomie en milieu sahélien* qui pourrait former des ingénieurs et des techniciens qui s'appuyant sur le savoir-faire des paysans, bâtiraient avec eux des projets endogènes de développement ?

*

Ce panorama fragmentaire, incomplet, insuffisant, des causes des sécheresses entraînant des désertifications temporaires et des famines en Afrique sub-saharienne ainsi que des solutions déjà mises en œuvre ou proposées pour lutter contre ces catastrophes n'a d'autre but que d'ouvrir quelques pistes de réflexion.

Il présente avant tout l'intérêt de montrer qu'il n'y a pas de solution globale pouvant tout régler d'un seul coup. Les problèmes doivent être analysés régions par régions, et les solutions expérimentées également régions par régions.

Les réponses ne peuvent, en aucun cas, être apportées de l'extérieur, être "transférées". Il dépendra des intéressés d'exprimer leurs besoins, leur priorité, de s'approprier les techniques qui leur sont proposées et de les refuser s'ils les jugent impropres, de produire des savoirs nouveaux adaptés à des situations nouvelles. C'est à ce prix que les opérations dites de développement risquent de connaître plus de réussites que d'échecs.

C'est donc seulement après une analyse approfondie des faits, et à partir des faits seulement, que l'on pourra suggérer des améliorations ou des innovations. Il ne peut donc être question d'envisager quelque changement que ce soit avant d'avoir fait le point des situations réelles, en prenant en compte les variations locales, ce qui implique une connaissance précise des systèmes traditionnels en vigueur. Cette démarche, qui est la seule rationnelle, se caractérise par le respect de l'acquis et la prise en compte des solutions apportées par chaque société à ses propres problèmes.

Annexe 1

Un témoignage sur la famine de 1913.

En 1976, enquêtant sur une chefferie de l'Est tchadien et sur son chef, le sultan Haggar, qui la commanda dès les premières années de la colonisation (1912) jusqu'à sa mort en 1939, j'ai recueilli une tradition, propagée unanimement par ses mémorialistes, qui considèrent ce chef comme quelqu'un qui a su trouver des solutions aux problèmes posés par la famine de 1913. Ils attribuent à sa sagacité certaines initiatives comme les déplacements à la recherche de l'eau et des maigres pâturages qui pouvaient subsister, la mise en commun des ressources alimentaires et leur rationnement égalitaire, le recours intensif à la cueillette des céréales et fruits sauvages et la mise en réserve de graines destinées à ensemencer les champs au moment propice. Les uns et les autres de nos informateurs estimaient qu'il avait été plus difficile à ce même groupe de résister à la famine dans les années 1970 et suivantes qu'en 1913, car dans la période récente hommes et femmes ont réagi individuellement sans manifester l'esprit de solidarité qui leur avait permis de survivre, soixante ans plus tôt.

Une chefferie isolée - sans aucun doute moins peuplée qu'à l'heure actuelle - ne pouvant compter que sur ses propres ressources et l'esprit d'initiative de son chef a, à leurs yeux, plus de chances de s'en sortir que le même groupe rattaché à des circuits plus larges, ouverts vers l'extérieur et ils critiquaient ouvertement l'exode des populations, l'arrivée tardive des secours et de manière sous-jacente l'assistanat.

Marie-José Tubiana. "Réaction à la famine dans une société traditionnelle" dans *Guirlande pour Abba Jérôme*, Le Mois en Afrique, Paris, 1983.

Annexe 2

Éleveurs et stations de pompage le cas des Touareg Illabakan, à la station d'In Waggeur

Construction en 1948 d'un puits cimenté de 90 mètres avec système d'exhaure manuel avec une puisette. Le puits est fréquenté par des campements Illabakan. En 1961, création de la station de pompage ; les Illabakan accueillent favorablement cette politique. Mais arrivée de campements appartenant à d'autres tribus touareg. Coexistence difficile surtout les mauvaises années : pâturages quasi inexistants, les troupeaux périssent en grand nombre. Par ailleurs le temps gagné à puiser l'eau est perdu par l'obligation pour les campements de s'installer de plus en plus loin du point d'eau, les pâturages étant complètement détruits dans un rayon de 10 km autour de la station. En 1970, à la demande des Illabakan fermeture de la station. Les Illabakan remettent leurs puits en service et passent la saison sèche à proximité. Les tribus venues ces dernières années s'en vont. Les Illabakan se retrouvent seuls maîtres des lieux.

L'auteur conclut : "Cette politique porte en elle-même son demi-échec : elle est à la fois trop ambitieuse et trop limitée. Trop ambitieuse dans le contexte économique actuel. Trop limitée dans un saupoudrage de ces stations, qui chacune crée des auréoles de surpâturage. En fait, on voit ici les limites d'une politique d'hydraulique pastorale intégrée à un budget d'austérité, et qui ne peut être menée parallèlement à une mise en défens générale des pâturages".
"Enfin et surtout, la législation sur l'utilisation des stations n'a jamais été appliquée. Il est apparu difficile de privilégier certains groupes aux dépens d'autres, pour le bénéfice d'une installation publique gérée et payée par l'État. Aussi, à défaut de limiter dans l'espace les concentrations, on en est réduit à les limiter dans le temps en différant les dates de mise en service, ou en fermant certaines années quelques ouvrages"

Edmond Bernus. Possibilités et limites de la politique d'hydraulique pastorale dans le Sahel nigérien. *Cah. ORSTOM*, sér. Sci. Hum., vol. XI, n°2. 1974 : 119-126.

QUELQUES RÉFÉRENCES BIBLIOGRAPHIQUES.

Alpha Gado Boureima. *Sécheresses et famines au Sahel. Crises alimentaires et stratégies de subsistance en Afrique sahélienne (Burkina-Faso, Mali, Niger).* Thèse. Université Paris 7. Octobre 1988, parue sous le titre *Une histoire des famines au Sahel. Étude des grandes crises alimentaires XIXe-XXe siècles*, L'Harmattan, 1993.

L'aridité une contrainte au développement. Caractérisation. Réponses biologiques. Stratégies des sociétés. ORSTOM, 1992.

Baumer Michel. *Pour une stratégie de développement dans les zones sahélienne et soudano-sahélienne.* Bureau spécial pour le Sahel, Nations Unis, 30 octobre 1973.

Baumer Michel. *Agroforesterie et désertification..* ICRAF, Nairobi, 1987.

Bergeret Anne. "Les sociétés indigènes de prévoyance : du Maghreb à l'Afrique Noire, dérive d'une institution". *Les techniques de conservation des grains à long terme,* 3, fasc.1, Éditions du CNRS, Paris, 1985 : 171-191.

Bergeret Anne (en collab. avec Jesse C. Ribot). *L'arbre nourricier en pays sahélien.* Maison des Sciences de l'Homme, Paris, 1990.

Bernus Edmond. "Possibilités et limites de la politique d'hydraulique pastorale dans le Sahel nigérien". *Cah. ORSTOM,* sér. Sci. Hum., vol. XI, n°2. 1974 : 119-126.

Bernus Edmond, Jean-Yves Marchal et Yveline Poncet. "Le Sahel oublié". *Revue Tiers-Monde,* T. XXXIV, n°134, avril-juin 1993 : 305-326.

Chastanet Monique. "Les crises de subsistance dans les villages soninke du cercle de Bakel de 1858 à 1945. Problèmes méthodologiques et perspectives de recherches". *Cahiers d'Études Africaines,* 89-90, 1983 : 5-36.

Comité Information Sahel. *Qui se nourrit de la famine au Sahel ?* Maspero, 1974.

Copans Jean. *Sécheresse et famines au Sahel.* Paris, Maspero, 1975.

Creac'h Paul. *Se nourrir au Sahel. L'alimentation au Tchad.* Paris, l'Harmattan, 1993.

De l'Atlantique à l'Ennedi. Textes d'une exposition réalisée par le Centre Culturel Français d'Abidjan, 1989.

(Voir en particulier : J. Gallais "Mais qu'est-ce que le Sahel ? "(13-17) ; D. Retaillé "Comment lire le contact Sahara-Sahel ? (19-33) ;

J. Malley "Les climats" (35-57) ; J. Giri "L'économie de la zone de contact Sahara-Sahel hier, aujourd'hui, demain" (103-109) ; O. Hamel "Sécheresse et désertification (215-220).

Gillet Hubert. "La sécheresse au Sahel" *in* Les crises climatiques. Supplément *Encyclopedia Universalis* : 157-162.

Gillet Hubert. "Desert and Sahel". *Plant Ecology in West Africa* edited by G.W. Lawson, 1996 : 151-181.

Giri Jacques. *Le Sahel demain catastrophe ou renaissance ?* Karthala, 1983.

Kabou Axelle. *Et si l'Afrique refusait le développement ?* Paris, l'Harmattan, 1991.

La Révolution éthiopienne comme phénomène de société. Essais, témoignages et documents réunis par Joseph Tubiana, Paris, l'Harmattan, 1990.

(Voir en particulier : Benoît Barbary "Éthiopie, révolution, famine" (25-41) ; Alain Gascon "Les réformes agraires" (43-61) ; Marie-José Tubiana "La famine : phénomène climatique ? phénomène politique ?" (63-74)

Le Houérou Henry-Noël. *The Grazing Land Ecosystems of the African Sahel.* Springer-Verlag, Berlin Heidelberg, 1989.

Les sociétés pastorales en Afrique tropicale (Théodore Monod ed.), I.A.I., Oxford University Press, 1975.

(Voir entre autres : "Tradition et développement" dans l'Introduction (67-82) ; R. Baker "Development and the pastoral peoples of Karamoja, North-Eastern Uganda" (187-205) ; J. Gallais "Traditions pastorales et développement : problèmes actuels dans la région de Mopti (Mali)" (354-368) ; Ch. Toupet "Le nomade, conservateur de la nature ? L'exemple de la Mauritanie centrale" (455-467) ; M.-J. et J. Tubiana "Tradition et développement au Soudan oriental" (468- 486).

Rochette René-Marceau (ouvrage collectif dirigé et rédigé par). *Le Sahel en lutte contre la désertification. Leçons d'expériences.* Weikersheim, Margraf, 1989.

Rognon Pierre. "Les sécheresses au Sahel replacées dans l'évolution climatique des vingt derniers millénaires". *Sécheresse,* 3 (2), 1991 : 199-210.

Sahel 89. Colloque Etat-Sahel Rouen 29-30 sept. 1988. N° spécial des Cahiers Géographiques de Rouen, 32, 1989.

Savoirs paysans et développement (sous la direction de Georges Dupré), Paris, Karthala-ORSTOM, 1991.

(Voir entre autres : A.M. Bonfiglioli "Mobilité et survie. Les pasteurs sahéliens face aux changements de leur environnement" (237-252) ; M. Chastanet "La cueillette des plantes alimentaires en pays soninké, Sénégal, depuis la fin du XIXème siècle. Histoire et devenir d'un savoir-faire" (253-287) ; A. Benad et I.J. Lupanga "Reaching the Farmer. The Role of Local Knowledge Systems for the Introduction of Agricultural Innovations in Tanzania" (461-471).

Tubiana Marie-José. "Processus de développement et naissance de nouvelles solidarités" in *L'identité tchadienne, l'héritage des peuples et les apports extérieurs,* Paris, l'Harmattan, 1994 : 387-402.

Tubiana Marie-José. "Stratégies traditionnelles et modernes pour une utilisation rationnelle des ressources en eau et en pâturages au nord Dar-Fur" in *The Central Bilad al-Sudan. Tradition and Adaptation. Proceedings of the third International Conference of the Institute of African and Asian Studies.* University of Khartum 8-13 nov. 1977.

Tubiana Marie-José et Joseph Tubiana. *The Zaghawa from an ecological perspective.* Balkema, Rotterdam, 1977.

Tubiana Marie-José et Abdelsalam Chérif. Les banques de céréales au Tchad. Moteur de développement rural. Outil de gestion de la production alimentaire. *L'épargne informelle. Études comparées.* Université Lumière Lyon 2, 1995 : 269-280.

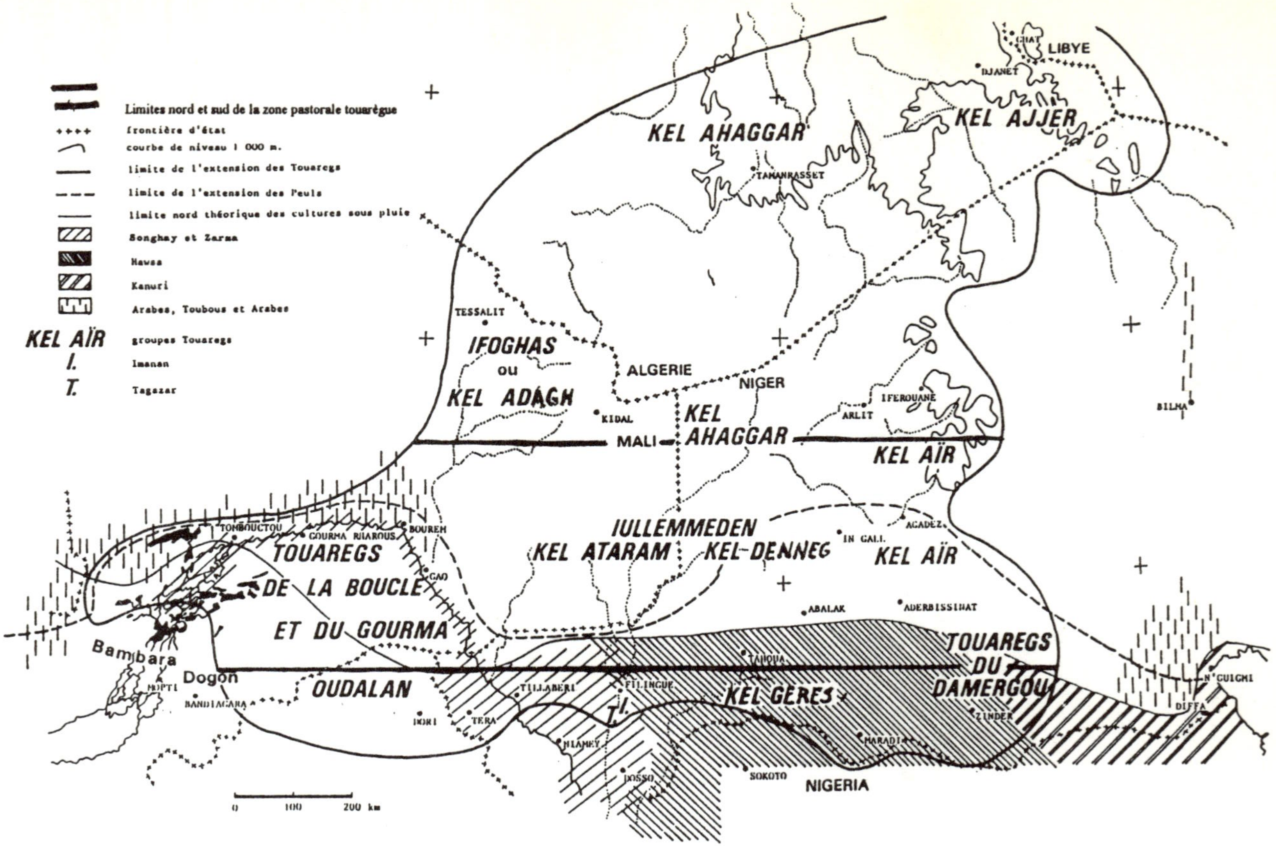

LA ZONE PASTORALE TOUARÈGUE

LA ZONE PASTORALE TOUAREGUE ÉVOLUTION OU MUTATION ?

Edmond Bernus
Géographe ORSTOM

La zone pastorale touarègue se trouve au sud du Sahara, essentiellement au nord-est du Mali et au nord-ouest du Niger. On a coutume d'inscrire cette zone entre les isohyètes moyennes de 100 et 350 mm, c'est dire qu'elle exclut le pays des Touaregs du nord - Kel Ahaggar, Kel Ajjer, etc. - et celui des Touaregs du sud, agro-pasteurs qui vivent au contact des paysans songhay-zerma, haoussa, kanouri, etc., et à proximité des Peuls nomades et sédentaires : le pays touareg méridional s'étend, en effet, à l'intérieur de la boucle du Niger, jusqu'au Burkina-Faso. Il faut signaler qu'avec la péjoration du climat les isohyètes de référence se sont déplacées vers le sud car les moyennes ont intégré une longue série d'années déficitaires. Il s'agit donc de la zone pastorale sahélienne, c'est-à-dire la portion septentrionale du Sahel. Il n'est pas inutile de rappeler que Théodore Monod, dans un article de synthèse, a tenté de définir cette zone située entre les zones saharienne et soudanienne en se posant les questions suivantes : le Sahel possède-t-il une originalité propre ? N'est-il pas seulement un Sahara enrichi ou un Soudan appauvri ? Dans cet article, Monod (1986 : 203-243) montre que le Sahel possède des caractéristiques originales dans le domaine physique comme dans celui de son mode d'exploitation.

LE DÉFICIT PLUVIOMÉTRIQUE

C'est à partir de 1968 que la zone sahélienne est entrée dans l'actualité, avec un cortège de termes associés - "sécheresse", "famine", "désertification" - et une suite d'images - argile craquelée - arbres morts - carcasses de vaches. L'année 1968 nous donne l'exemple parfait d'une année aux pluies quantitativement supérieures à la moyenne, mais mal réparties dans le temps et de ce fait provoquant un déficit en fourrage condamnant de nombreux troupeaux à la mort et à l'exode. Des pluies précoces et abondantes tombées en avril (un tiers du total annuel), suivies d'une longue interruption, ne permit à la végétation, essentiellement aux herbes annuelles, de se développer normalement. Sorties trop tôt, ces herbes ne purent arriver à maturation et la reprise des pluies arriva trop tard. C'est à partir de cette année-là que les experts découvrirent que les années déficitaires étaient normales et s'inscrivaient dans des successions alternées d'années humides et d'années sèches et également de séries de "vaches grasses" et de "vaches maigres". Les "projets" d'élevage étaient alors bâtis sur l'hypothèse d'une stabilité du climat dont les années sèches étaient tenues pour une exception.

D'autres sécheresses avaient eu lieu auparavant : celles autour des années 1910-1915 et des années 1940 sont restées inscrites dans les mémoires (Bernus,1989 : 251-256) et dans les statistiques (Sircoulon, 1984-1985 & 1976) mais elles furent d'autant moins connues qu'elles se déroulèrent pendant des années où le monde avait d'autres soucis. Et puis, elles concernaient des hommes et des troupeaux beaucoup moins nombreux que de nos jours. Si l'on compare les relevés pluviométriques des postes de l'Azawagh nigérien au cours de deux tranches de durées inégales (1956/1965 et 1970/1989) on s'aperçoit d'une chute importante de la pluviométrie.

Pluviométrie annuelle moyenne dans la région du sud Tamesna
(in Peyre de Fabrègues, 1991 : 751)

Postes	moyenne (mm) 1956/1965	moyenne (mm) 1970/1989
Agadez	177,3	97,7
Filingue	499,1	331,3
Niamey	640,6	493,8
Ouallam	536,4	340,3
Tahoua	450,9	331,7
Toukounous	440,2	291,4

L'ÉVOLUTION DU TROUPEAU

Jusqu'à 1968, les effectifs des troupeaux avaient connu une croissance rapide : la pluviométrie favorable, les campagnes de vaccination, l'ouverture de nouveaux points d'eau - puits profonds et stations de pompage - s'étaient conjugués pour favoriser un tel accroissement. "Le troupeau national du Niger tripla entre 1946 et 1968 : 1.235.000 équivalents UBT[1] en 1946 à 4.620.000 en 1968. Or il avait déjà doublé entre 1923 et 1946, de 605.000 à 1.235.000" (Peyre de Fabrègues, 1991 : 751).

Dans le Niger septentrional, dans les arrondissements de Tchin-Tabaraden et d'Agadez qui constituent le pays de peuplement touareg dominant, l'augmentation du troupeau avait été particulièrement favorisée par les politiques d'hydraulique pastorale, avec un maillage de l'espace par un réseau de puits profonds et de stations de pompage dans le cadre d'un projet de modernisation de la zone pastorale mis en œuvre en 1960. La croissance démographique des hommes et des troupeaux avait été accélérée par l'irruption de Peuls nomades (WoDaaBe communément appelés Bororo), chassés des zones agricoles par l'augmentation de la population, le développement des cultures commerciales et la diminution, voire la disparition des jachères : pour trouver des parcours, ils avaient fui vers le nord. En 1968, les effectifs du cheptel du département d'Agadez et de l'arrondissement étaient les suivants :

Effectifs des troupeaux en 1968

	Bovins	Ovins	Caprins	Camelins	UBT
Agadez Département	120.000	300.000	200.000	100.000	240.000
Tchin-Tabaraden Arrondissement	300.000	130.000	325.000	90.000	360.500

Le troupeau était donc très important dans la zone pastorale touarègue et sa croissance continue. Trois années de pluies catastrophiques, mal réparties en 1968, d'une faiblesse encore inconnue depuis que des mesures existent en 1972 et 1984, ont

[1] UBT ou Unité Bovin Tropical = Unité tropicale standard correspondant à un animal théorique de 250 kg de poids vif, équivalant à 1 camelin, à 0,75 bovin et à 0,10 ovin et caprin.

provoqué des chutes d'effectifs les années suivantes. On estimait en 1973 que les pertes, au Niger, dans la zone pastorale étaient les suivantes : 63 % pour les bovins, 47 % pour les ovins, 33 % pour les caprins, 38 % pour les camelins. Mais les pertes en bovins étaient maxima vers le nord et atteignaient 88 % dans le département d'Agadez contre 42 % dans l'arrondissement de Tchin-Tabaraden. Le troupeau était presque reconstitué en 1981 si on se réfère aux UBT, mais sa composition n'était plus la même : les effectifs en petit bétail dépassaient souvent ceux d'avant 1968, par contre ceux des bovins étaient en baisse, particulièrement dans le nord : 19,5 % de bovins en 1981 par rapport à 1968 (Bernus, Fauck, Peyre de Fabrègues, 1983 : 47-50). En 1984-85, une nouvelle chute des effectifs affecta particulièrement les troupeaux de la zone pastorale, ainsi qu'une migration générale vers le sud des éleveurs et de leurs animaux, favorisée et aidée par le gouvernement. "Pour les bovins, par exemple, le Service de l'Élevage du Niger estimait en 1985, que moins d'un million de têtes, sur une évaluation totale de trois millions un an plus tôt, restaient alors dans le pays, sans connaître la part des troupeaux issus de la zone pastorale du Niger" (Peyre de Fabrègues, 1984 : 502). Ces chiffres, cumulant morts et départs, laissaient prévoir des retours qui se sont partiellement réalisés ; ils sont sans doute exagérés, car publiés "à chaud" par les Services officiels. Depuis, l'insécurité ne permet guère d'être informé.

On peut cependant affirmer qu'au Mali les vaches ont pratiquement disparu dans l'Adrar des Ifoghas où elles constituaient naguère d'importants troupeaux : seuls les camelins et le petit bétail ont résisté aux effets conjugués des sécheresses et de la guerre. Cette disparition est un appauvrissement qualitatif important pour l'élevage de cette région.

On note, particulièrement chez les éleveurs exclusifs de la zone pastorale, une chute très importante du ratio cheptel/population à charge. Le nombre d'UBT par personne n'a cessé de baisser : on l'estimait à plus de 7 UBT en 1963 (INSSE/Coopération, 1966), à 3 UBT en 1984, à 1,5 et même 1 en 1985, avec, il est vrai, de grandes disparités (Marty, Bonnet, 1989 : 31-32). Cela témoigne cependant d'un appauvrissement général.

L'ÉVOLUTION DU COUVERT VÉGÉTAL D'APRÈS LES GRANDS TÉMOINS DES ANNÉES 30

Les suites d'années sèches, liés à cette pression de troupeaux en constante augmentation jusqu'en 1968, ont provoqué une modification du couvert végétal qui a alerté la communauté scientifique et les organisations internationales : les termes de "désertification", parfois de "désertisation" sont devenus à la mode ; des conférences internationales se sont réunies (UNEP, Nairobi, 1977) et des directives ont été données pour une exploitation des zones sensibles, particulièrement les plus arides.

Si des trains d'années humides succèdent à des trains d'années sèches, on pourrait conclure que l'on retourne chaque fois à l'état précédent. Mais on le sait, et l'expérience le vérifie, la péjoration du couvert végétal est toujours plus rapide que sa restauration. Au Niger, on possède des témoignages précieux sur l'état de la végétation à différentes époques.

En février 1932, Auguste Chevalier, au cours d'une traversée du Sahara, fit des observations très précieuses sur un itinéraire classique nord-sud.

"Sur les confins sud du Sahara, dans l'Azawak (entre Tahoua et In Gall) j'ai vu des dépressions inondées en hivernage et où l'on trouvait encore de l'eau à moins de 2 m de profondeur en février. Ces cuvettes avaient été très boisées et on voyait encore d'énormes troncs d'Acacia debout (certains avaient plus de 50 cm de diamètre), morts depuis plusieurs années. Les moignons de branches restaient en place et on voyait qu'ils n'avaient pas été émondés. On eût dit une forêt détruite par le feu, mais il n'était pour rien dans cette destruction, car le feu de brousse est inconnu dans cette zone désertique. Je ne crois pas que ce soit l'assèchement des cuvettes qui soit la cause de la mort de ces arbres, mais plutôt l'apport par les crues d'oued d'une argile limoneuse, colmatant la surface de la cuvette et empêchant les échanges gazeux. Les arbres seraient morts d'asphyxie. Toutefois d'autre essences : *Bauhinia rufescens, Maerua rigida*, etc., continuent à vivre et restent en parfait état de végétation" (1932 : 151).

Ces observations nous ont été précieuses pour comprendre l'origine de l'immense mare pérenne de Kéhéhé-Tabalak au nord-est de Tahoua, qu'on pourrait appeler "lac" en raison de son étendue. Depuis 1962, nous l'avons toujours connue pleine et les premières années avec une forêt engloutie d'*Acacia nilotica* en train de mourir. Des géologues nous ont appris que, jusqu'en 1953, la piste d'Agadez traversait en saison sèche la mare. Un bouchon de colluvions, un tapis de sols limono-argileux, avaient empêché l'eau de la vallée de s'écouler et de s'infiltrer et les *Acacia nilotica* n'avaient pas péri de la sécheresse comme on le disait alors, mais de noyade.

Aubréville, le forestier qui a écrit tant de pages essentielles sur la végétation et son évolution en Afrique tropicale, participa en 1936-1937 à une mission franco-anglaise du Nigeria au Niger. La réédition de ce document (Aubréville, 1973 : 6-16) nous offre un point de comparaison extraordinaire à cinquante ans d'intervalle sur un transect qui est devenu la route goudronnée de l'uranium. Il suit la route d'Agadez à In Gall et Tahoua, même itinéraire que son illustre prédécesseur, dans la première partie du mois de février 1937. Il faut signaler que l'année 1936 fut exceptionnellement arrosée (231 mm à Agadez et 611 mm à Tahoua et non 511 mm comme porté dans le rapport), c'est même un des maximum relevé jusque là. Les auteurs en sont d'ailleurs parfaitement conscients, mais leurs conclusions sont évidemment rendues plus optimistes : "Les années de grande sécheresse amenant la famine sont extrêmement rares. La dernière remonte à plus de vingt ans et il semble que les périodes sèches et humides de durée courte se succèdent. Elles ne laissent apparaître jusqu'à présent aucune tendance vers un changement permanent du climat. La végétation suit ce rythme, la régénération facile dans les années relativement humides doit se faire difficilement dans les années sèches."

La description concise de la route du 9 février 1937 (Agadez, In Gall via Teguidda n'Tessoum) pourrait être faite en 1974 sans aucun changement notable. Pour la portion de route du 10 au 12 février, In Gall, Efeinateuss, Tahoua, la description est conforme à celle qu'on aurait pu faire en 1968 ou 1969. Les observations faites à Tahoua sur le développement des cultures pourraient être similaires en 1974, mais pour une zone s'étendant 150 km plus au nord (Bernus, 1983 : 141). Dans ce document est citée la conclusion du rapport de la mission à laquelle Aubréville participe : "L'opinion de la mission au sujet de l'aggravation générale de l'état désertique que l'on a craint parfois pour des régions frontières du Niger et du Nigéria, est que rien, dans les phénomènes naturels qui se manifestent actuellement et qu'elle a pu observer, ne prouve d'une façon indubitable la réalité de cette aggravation. En particulier, dans les conditions actuelles du climat, aucun danger imminent et généralisé d'assèchement n'apparaît sérieusement. Si certains indices semblent indiquer une rétrogradation locale de la végétation forestière, d'autres également locaux paraissent marquer une progression de cette végétation" (idem : 142).

LES TRANSFORMATIONS RÉCENTES

Pour actualiser les données fournies sur la région pastorale du Niger à la conférence de Nairobi sur la désertification (Bernus,1977, publié en 1983 : 118-151), une mission a été menée sur le terrain en 1983. Le rapport de cette mission fait état de la considérable régression de certaines espèces ligneuses. "Ainsi, *Acacia raddiana, Acacia senegal*, arbustes poussant sur sables dunaires, ont beaucoup diminué. C*ommiphora africana,* arbuste bas et à bois tendre, qui caractérisait autrefois la Tadarast[1] (à laquelle il a donné son nom) où il constituait des peuplements nombreux parfois assez denses, a presque disparu de la plupart des stations "hautes" qu'il occupait. Sa permanence dans les concavités du relief, en permettant de compter sur sa capacité à reproduire des graines, est rassurante ; mais on n'a pu observer, actuellement, des signes de régénération. Le phénomène de régression de la strate ligneuse touche la totalité des stations et des espèces. Seules certaines plantes parmi les plus résistantes, comme *Balanites aegyptiaca* ou qui restent cantonnées dans les stations favorables comme *Acacia nilotica* et *Ziziphus spina-christi* sont encore assez abondantes principalement dans les dépressions. Cependant, elles ont, comme toutes les plantes ligneuses, subi un éclaircissement et sont quelquefois en

[1] Les plateaux sur grès du Tégama (Continental intercalaire) au sud d'In Gall a reçu le nom de Tadarast en raison de la présence majoritaire, naguère, de l'*adaras* (*Commiphora africana*).

mauvaise posture. Sur les sables profonds les espèces les plus résistantes semblent *Maerua crassifolia* et *Boscia senegalensis.*

Au niveau de la strate herbacée, les modifications les plus spectaculaires, liées au climat, concernent l'extrême raréfaction de certaines espèces comme *Schoenefeldia gracilis* et *Brachiaria spp.* sur les sols sableux et le recul des *Aristida mutabilis* et *A. stipoïdes*, annuelles psammophiles autrefois dominantes. Au contraire, des espèces antérieurement peu apparentes sont parfois actuellement assemblées en de vastes peuplements ; ce sont, par exemple, *Tragus racemosus* et *T. berteronianus, Enneapogon cenchroïdes* et surtout le très commun "cram-cram", *Cenchrus biflorus,* devenu presque partout dominant. Exception faite de cette dernière, les dernières espèces citées ici sont moins bonnes fourragères que les précédentes. D'une façon générale, il ressort d'observations faites dans la zone pastorale nigérienne en octobre des années 1980, 1981 et 1982 (Niger Centre-Est)[1] que l'appauvrissement floristique du tapis herbacé par rapport à 1964-1968 semble constant. La plupart des relevés effectués à la même saison, en 1964 par exemple, ont une liste floristique de plantes herbacées de quinze à vingt-cinq noms. Ceux-ci effectués dans les mêmes stations en 1980 n'en ont plus que quatre à dix" (Bernus, Fauck, Peyre de Fabrègues, 1983 : 37-40).

Les mouvances locales à périodes courtes

Dans un rapport récent (1991), G. de Wispeleare et B. Peyre de Fabrègues distinguent les changements à longue périodicité, c'est à dire sur 20 ans et à périodicité courte, c'est-à-dire d'une année à l'autre. A cette échelle de temps, les nombreuses observations faites de 1984 à 1989 montrent des "alternances" qui témoignent d'évolutions jamais univoques. Sur un site par exemple, on observe le remplacement de *Aristida mutabilis* par *Gisekia* puis *Tribulus* ; sur un autre celui de *Cenchrus biflorus* par *Dactyloctenium aegyptium.* "Sur un rythme un peu plus lent, on a observé, dans la région, de vigoureuses régénérations de *Cyperus conglomeratus* qui, pratiquement disparu en 1983,

---

[1] Ce projet, financé par la Banque Mondiale, concernait tout l'Est du Niger.

constituait en 1988 et 1989 d'importants peuplements (...) sur les sols sableux éolisés de certains sommets dunaires" (idem : 21).

Un autre exemple de l'évolution d'une vivace (*Panicum turgidum),* au rôle si important chez les Touaregs dans le domaine fourrager, nutritionnel (utilisation de la cendre dans la chique), artisanal (tiges bien calibrées pour la fabrication de nattes), est évoqué dans le même rapport. Entre 1969 et 1984, années de pluies déficitaires, *Panicum turgidum* a étendu son aire d'influence vers le sud. "L'explication est que *Panicum turgidum* ne prospère bien qu'en l'absence de plantes pouvant le concurrencer pour l'utilisation de l'eau des couches superficielles du sol." Ensuite, si des pluies relativement abondantes reviennent et que des annuelles telles que le *cram-cram* (*Cenchrus biflorus*) se développent entre ses touffes, *Panicum turgidum* dépérit et parfois disparaît par brûlage dans cette zone méridionale de colonisation. Cet exemple montre la sensibilité et la réaction différentes dans le temps des herbages dans cette zone aux évolutions plus complexes qu'on aurait pu le croire.

On retrouve pour la strate arborée un même jeu, un même va-et-vient au cours de cette longue période entamée en 1968. Tous les observateurs ont noté le développement du *Calotropis procera* vers les années 1970 : cet arbuste a la réputation de coloniser les terres usées en zone agricole et les sols pauvres filtrants ayant reçu des déjections humaines et animales en zone pastorale. "Ce sont les cheveux blancs de la terre" disent les Touaregs rappelant ses graines enrobées d'une inflorescence cotonneuse blanche que le vent porte au loin ; ils signifient aussi un vieillissement, un appauvrissement du couvert arboré (Bernus,1979 : 119-120), car le *Calotropis procera*, s'il se répand aux dépens d'autres arbres, c'est un recul de la production en fourrage, en bois, en fruits etc. Or cet arbre conquérant n'occupe pas durablement le terrain : il semble que ses conquêtes soient éphémères mais toujours recommencées. Finalement les arbres les plus résistants, et dont l'utilité n'est plus à démontrer, restent le *Maerua crassifolia* et le *Balanites aegyptiaca* qui sont l'un comme l'autre l'arbre des génies : on les craint, on les interroge, on cherche à les apprivoiser comme un être vivant.

Les changements sur vingt ans

Nous possédons des données exceptionnellement précises sur la zone pastorale nigérienne touarègue, plus précisément celle appelée curieusement "Sud-Tamesna"[1] grâce aux travaux de suivi des pâturages par télédétection menés pendant plusieurs années par B. Peyre de Fabrègues et G. de Wispelaere ; ces travaux étaient menés parallèlement sur le terrain et en laboratoire. Les rapports successifs de ces deux chercheurs (1985, 1986, 1988, 1991) aboutissent à des conclusions précises. "Pour une périodicité de plus de vingt ans (...) on peut constater de notables modifications de la végétation. Elles concernent, d'une part la strate arbustive (marquée par exemple par la disparition presque complète de *Commiphora africana*) et d'autre part, la strate herbacée dont la flore a beaucoup varié. Pour les herbacées, les principaux changements se résument à :

- un appauvrissement des cortèges floristiques (quelques espèces, déjà rares autrefois, semblent avoir disparu) ;
- un remplacement des annuelles dominantes d'alors (*Aristida mutabilis, Schoenefeldia gracilis, Aristida funiculata,...*) apparemment par d'autres plus résistantes à de fortes variations des quantités et de la distribution des pluies (*Cenchrus biflorus* et *C. prieurii, Tragus spp....) ;*
- une très importante régression, voire une élimination, des herbacées vivaces qui, dans les années 60, caractérisaient ces herbages (*Aristida pallida, Andropogon gayanus, Cymbopogon giganteus* et *C. proximus, Cyperus conglomeratus,...).* Toutefois, cette dernière réapparaît abondamment dans certaines conditions" (Wispelaere (de) & Peyre de Fabrègues, 1991 : 20).

Dans le domaine de la strate arborée, il apparaît que le *Commiphora africana, adaras* des Touaregs, arbre dont ils utilisent la gomme-résine - fumigation dans les tentes pour se protéger des génies - ainsi que son bois léger - pièce de la selle de chameau - a disparu. Les espoirs affichés dans le rapport de 1983 sur une régénération possible par les graines ne se sont pas réalisés.

---

[1] Tamesna signifiant nord chez les Touaregs de l'Azawagh, ce programme signifiait sud du nord ou sud de la région appelée Tamesna.

RECUL DE LA FAUNE

On possède des informations précises sur la faune de la zone pastorale touarègue grâce aux récits des premiers voyageurs. L'allemand Erwin de Bary (1898 : 127 & 183), qui traverse l'Aïr en 1877, signale la présence de lions qui auraient leurs tannières dans les Monts Bagzan. Ce sont des lions à forte crinière, dit son hôte qui lui raconte qu'il a été assailli et blessé par un lion tout près de son village : son bras porte encore la trace de ces blessures. "On trouve aussi dit-il des girafes à trois jours de marche dans l'ouest de l'Aïr." Ce témoignage montre que les innombrables gravures rupestres de girafes, celles moins nombreuses de lions sur les rochers de l'Aïr, représentent une faune encore présente à la fin du siècle dernier.

A une époque plus récente, c'est-à-dire vers les années 1936, l'Administrateur F. Nicolas (Tamesna,1950 : 17) signale que le lion se trouve, par périodes, vers la frontière malienne, dans les environs de la vallée fossile de l'Azawagh : "en hivernage, il voyage d'est en ouest ; fréquente les fourrés épineux à hautes herbes." Le même auteur (1950 : 127-128) nous parle d'un groupe servile (*iklan-n-egef*), les "Id'ebbed'ab", qui "chasse le lion au sabre et à l'épée, rarement avec l'aide de boucliers ; le berger ne peut laisser sans honte et sans s'exposer à un terrible ostracisme de tribu, un lion enlever une seule de ses chèvres sans reprendre au fauve au moins la peau de cette chèvre ; souvent le lion poursuivi et harcelé de pierres n'insiste pas ; souvent le bâton est nécessaire pour lui faire lâcher sa proie, ou ce qui en reste. La plupart du temps les Id'ebbeda'ab se mettent à trois ou quatre, armés de bâtons ou d'épieux, et tuent le lion non sans recevoir de blessures (une grande partie d'entre les mâles de cette tribu exhibent les traces de ces luttes : doigts enlevés, parties de muscles arrachés). Seuls les Id'ebbed'ab peuvent se permettre de nomadiser dans la région infestée de lions qu'ils affectionnent."

"En 1917, poursuit Nicolas, des lions venaient rôder sous les murs du poste de T'âwa ; en 1928, l'un d'eux fut tué à Takassaba, à une latitude plus méridionale encore ; actuellement, ils restent confinés aux régions de Telemsès, Anèker, vers les montagnes à l'est de ces puits. En hivernage, ils s'égayent, profitant des points d'eau plus nombreux, de Âder-em-Bukar, Telemsès, vers l'est et jusqu'à la mare d'Âder-Bessen (sud du cercle d'Agadez)." Vers les années 1963-1968 où j'ai parcouru cette région, les lions étaient encore présents dans ces paysages fermés, à fourrés épais, mais ils ne subsistaient qu'à quelques unités : on était loin de la "région infestée de lions."

Dans la carte de la faune parue dans l'Atlas Jeune-Afrique du Niger (1980 : 22), une petite région de forme ovale, au nord-est de Tahoua, est indiquée comme peuplée de girafes. Cette présence m'a été confirmée par les Touaregs de l'Azawagh qui sont des chasseurs connus. Ils l'ont vue jusqu'en 1968. Des toponymes rappellent la girafe dans la vallée du Tadist, entre Abalak et Agadez : le puits souvent orthographié Isawamadran signifie le "bas-fond des girafes" et devrait s'écrire Esawi-n-imdaghan.

Les autruches très nombreuses à l'ouest de l'Aïr, encore présentes entre Abalak et In Gall en 1984, ont disparu dans toute cette zone : les Touaregs les chassent volontiers, en particulier pour leur graisse très réputée pour soigner les rhumatismes et autres douleurs articulaires.

L'oryctérope (*Orycteropus afer)*, animal nocturne que l'on ne voit guère, était présent dans l'Azawagh jusqu'en 1966-1967 : de nombreux terriers, dont l'orifice était tapissé de sable frais sur lequel ses traces étaient inscrites, attestaient une active présence : il était chassé par les Touaregs, non seulement pour sa chair, mais surtout pour sa peau qui permettait la fabrication de sandales imputrescibles dans l'eau ou dans la boue. Des toponymes attestent sa présence, tel celui du puits de Tadebuk, formé avec son nom (*adbeg*), situé au sud d'In Gall, sur l'ancienne route d'Agadez. A la même époque le phacochère (*Phacochoerus aethiopicus*), souvent consommé, discrètement en raison des prescriptions islamiques, a également disparu.

Trois types de gazelles peuplaient cette zone : l'une d'entre elles, *ener* des Touaregs (*Gazella dama*) a disparu depuis peu : les dernières ont été vues en 1986, d'après les nomades du sud d'In Gall. La seconde variété, *idemi* (*Gazella rufifrons*) est très rare, alors qu'*azenked* (*Gazella dorcas*) est encore présente.

Les animaux sauvages sont les témoins de l'évolution de l'écosystème sahélien dans la mesure où ils vivent des ressources en eau et en fourrage, mais l'aridification est sans doute moins responsable de la disparition de telle ou telle espèce que l'action directe de l'homme. Les chasses au chien, au piège et parfois au fusil des Touaregs sont loin d'être aussi meurtrières que celles des militaires, gendarmes ou fonctionnaires, qui n'hésitent pas à violer la loi et à faire des carnages qui presque toujours dépassent largement les besoins immédiats de viande grâce à leurs fusils et à leurs véhicules tout-terrain. On n'ose imaginer, aujourd'hui, les massacres qui ont pu se perpétrer en toute impunité dans une situation de guerre : dès lors que la vie des hommes est en jeu, celle des animaux ne compte plus guère.

LES RÉACTIONS DES HOMMES

Devant cette dégradation de la zone pastorale, les éleveurs nomades - Touaregs et Peuls - réagirent souvent différemment et les tactiques élaborées pour tenter de sauver les troupeaux varièrent selon les hommes et selon les crises. Au cours de cette période amorcée en 1968, deux courtes séquences connurent un paroxysme de déficit pluviométrique : 1972-1973 et 1983-1984. Il apparut dès la fin de l'été que le potentiel fourrager était si faible que les troupeaux ne pourraient pas survivre jusqu'aux pluies suivantes. En 1970, le ministre des Affaires Sahariennes et Nomades se rendit à l'automne à Tchin-Tabaraden pour inciter les éleveurs à se rendre dans le sud où les ressources fourragères étaient suffisantes et les paysans étaient prêts à les accueillir. Les Peuls nomades étaient déjà partis avant cet appel, alors que les Touaregs restèrent sur place, à quelques exceptions près. Les Touaregs maliens émigrèrent vers les villes et ceux de l'Adrar des Ifoghas et de l'arrondissement de Menaka se dirigèrent vers Niamey, la grande ville la plus proche. En 1984, les autorités incitèrent et aussi aidèrent les éleveurs nigériens de l'Aïr et de l'Azawagh (Tchin-Tabaraden) à migrer vers le sud et cette fois les Touaregs, ainsi que les Peuls Bororo entre temps revenus, firent en masse mouvement.

La crise pastorale, née de ce déficit pluviométrique lié à un accroissement incontrôlé des hommes et des troupeaux, donna lieu à une politique visant à créer des groupements d'éleveurs, sous des appellations diverses dans les différents pays : elle apparut partout comme la solution miracle pour redonner vie à l'élevage en préservant le couvert végétal. Au Niger, cette politique fut lancée avec une grande détermination, mais ne put se développer jusqu'à son terme, interrompue par le retour de déficits pluviométriques records. Elle fut peut-être trop ambitieuse et trop rapide, mais elle contenait des germes d'avenir avec ses Groupements Mutualistes Pastoraux, ses coopératives à un niveau supérieur et la qualité de ses cadres.

La sécheresse de 1984 provoqua une migration vers le sud, mais également pour les "arabes" de Tassara et certains Touaregs du nord une migration vers l'Algérie : mouvement massif pour les Kel Adagh (Adrar des Ifoghas) maliens et pour les nigériens les plus septentrionaux. Ils se concentrèrent à Tamanrasset et dans ses environs. Ce mouvement avait été précédé par une migration du travail en Libye où les hommes allaient vendre des troupeaux et chercher du travail dans un pays vide et riche en capitaux : certains furent enrôlés dans la Légion islamique. Ce mouvement amorça le grand exil des Touaregs maliens, à partir de 1990, lorsque la révolte enflamma le pays touareg malien et que la répression provoqua un exode massif vers l'Algérie et la Mauritanie.

En même temps les autorités, avec l'aide des O.N.G. et en particulier les "Volontaires du Progrès", lancèrent une campagne de cultures dites de "contre-saison". Tous les bas-fonds, tous les bords de mares, ou les mares asséchées en saison sèche devaient être consacrées aux cultures irriguées. Les nomades avaient obligation, s'ils voulaient bénéficier d'une aide alimentaire, de défricher et de clôturer des parcelles autour des puits ou des mares. Ces cultures se multiplièrent, en pleine zone pastorale, jusqu'aux frontières du Sahara ; certaines, groupées autour de puits, se maintinrent, alors que d'autres furent abandonnées par les nomades dès qu'ils purent retrouver des troupeaux : un mouvement cependant était amorcé.

On constate depuis une trentaine d'années un phénomène paradoxal. Les cultures sous pluie s'étendent de plus en plus vers le nord alors que se répètent des déficits pluviométriques : elles ont progressé d'une cinquantaine de kilomètres vers le nord, alors que l'isohyète de 350 mm a été repoussée plus au sud : cette isohyète constituait en 1960 la limite nord des cultures pluviales dans la législation du Niger. Entre 1968 et 1977, dans le canton de Tanout, les surfaces cultivées en mil ont doublé, entraînant "la diminution des surfaces boisées, la disparition de certaines espèces végétales, la dégradation des pâturages..." (Morel et Moussa,1987 : 205-215). Les habitants, qui diversifient leurs ressources et deviennent presque tous agro-pasteurs, mettent en cultures non seulement les bas-fonds mais aussi les sables dunaires pour des cultures irriguées et pluviales.

Enfin, les éleveurs privés de troupeaux se transforment parfois en bergers salariés de commerçants, de fonctionnaires et de citadins non résidants. C'est plus le cas des Peuls que des Touaregs ; c'est un phénomène plus répandu en zone agro-pastorale qu'en zone exclusivement pastorale. L'insécurité a d'autre part provoqué des regroupements dans tous les centres : Agadez, Tchin-Tabaraden, Abalak ont connu des accroissements considérables.

CONCLUSION

"Terres de risques et de violences" constitue le sous-titre du livre que Jean Gallais consacre aux "Tropiques". La zone pastorale touarègue, plus généralement la zone sahélienne septentrionale, mérite parfaitement cette définition. Les risques climatiques, avec les déficits pluviométriques répétés, ont provoqué une dégradation importante du couvert végétal et par voie de conséquence du potentiel fourrager : ils ont conduit les éleveurs à diversifier leurs ressources et à exploiter tous les espaces disponibles pour l'agriculture et l'élevage.

La violence s'est emparée de toute la zone et a provoqué des migrations tout azimut. Dès lors la zone pastorale touarègue s'enfonce dans une insécurité permanente, avec la spirale de la violence où lutte armée revendiquée et parfois banditisme précèdent souvent des répressions brutales. La gestion des parcours esquissée est remise en cause et, tant que les problèmes politiques ne sont pas réglés, la zone échappe à l'intervention de l'État ou à l'aide des ONG. Les projets restent dans les dossiers et attendent.

Au Niger et au Mali, dans une réaction contre les mouvements de révolte, des hommes du sud réclament la fin de cet élevage archaïque : "Pouvons-nous vraiment continuer cet élevage à la papa ? Avec de grands troupeaux qui sont en fait des billets de banque sur pied, peu de pâturages et de points d'eau, d'où des conflits à n'en plus finir entre bergers et agriculteurs (...). et c'est bien sûr toute une façon d'être, une façon de vivre qui est remise en cause (...). Sur le marché de la viande la concurrence du mouton australien, du bœuf argentin et européen fait que le kilo coûte moins cher à Abidjan qu'à Niamey. Dans ce cas, avant de perdre une des mamelles de l'économie du pays, il est temps de prendre le taureau par les cornes pour que veau, vache et mouton soient élevés en respectant des normes de productivité, que le bétail soit considéré comme un investissement et non comme une épargne, que l'élevage devienne une entreprise rentable et non seulement un genre de vie. Sacrifions 80 % du cheptel....." (Le Démocrate, Niamey, n°29, 7 déc. 1992.).

On se trouve devant une alternative nouvelle. La gestion des espaces pastoraux selon des plans déjà prêts destinés à réhabiliter les écosystèmes naturels tout en prenant en compte la dimension humaine du développement pastoral (Touré & Skouri, 1992 : 201-212) ou l'abandon autoritaire de l'élevage extensif sans qu'on sache par quoi il est possible de le remplacer. Seule la fin d'une révolte qui n'en finit pas permettra à des Touaregs responsables de faire des choix qui ne sont pas seulement dictés par la rentabilité.

BIBLIOGRAPHIE

Atlas du Niger

1980 "Faune" (Ibrahim Najada), Paris, *Les Atlas Jeune Afrique*, pp.72-73.

Aubréville, (A.)

1973 "Mission forestière anglo-française Nigéria-Niger (décembre 1936-février 1937)", in *Contribution à l'étude de la désertification de l'Afrique tropicale sèche, Bois et Forêts des Tropiques*, CFT, Nogent sur Marne, n°148 : 6-16.

Bary, (E. de)

1898 *Le dernier rapport d'un Européen sur Ghât et les Touareg de l'Aïr (Journal de voyage d'Erwin de Bary, 1876-1877)*. Traduit et annoté par Henri Schirmer, Paris, Fischbacher, 221 p.

Bellil (R.) & (B.) Dida

1993 "Evolution de la relation entre Kel Ahaggar et Kel Adagh", in *La politique dans l'histoire touarègue*, sous la direction de Claudot-Hawad (H.), Aix-en-Provence, Les Cahiers de l'IREMAM n°4, pp.95-110.

Bernus, (E.)

1974 "Possibilités et limites de la politique d'hydraulique pastorale dans le Sahel nigérien", *Cah. ORSTOM, sér. Sc. Hum.*, vol. XI, n°2 : 119-126.

Bernus, (E.)

1974 *Les Illabakan. Une tribu touarègue sahélienne et son aire de nomadisation.* Paris, Mouton & ORSTOM, 116 p., cartes h.t., (Atlas des structures agraires n° 10).

Bernus (E.)

1979 "L'arbre et le nomade", Paris, *Journal d'agriculture tropicale et de botanique appliquée*, XXVI, n°2, 103-128.

Bernus, (E.)

1981 *Touaregs nigériens. Unité culturelle et diversité régionale d'un peuple pasteur.* Paris, Mémoire ORSTOM n° 94.

1993 Seconde édition, Paris, L'Harmattan.

Bernus (E.)

1983 "Désertification dans la région d'Eghazer et Azawak, Niger". in *Études de cas sur la désertification*, n° 3, *Recherches sur les ressources naturelles* XVIII, UNESCO, pp.118-151, 2 cartes h.t.

Bernus, (E.)

1992 "Hydraulique pastorale et gestion de parcours", in *L'aridité : une contrainte au développement. Caractéristiques, réponses biologiques, stratégies des sociétés.* Le Floc'h (E.), Grouzis (M.), Cornet (A.), Bille (J.C.) éditeurs, Paris, ORSTOM.

Bernus (E.), Fauck (R.), Peyre de Fabrègues (B.)

1983 *Mise à jour de l'étude de cas sur la désertification et renforcement de la stratégie nationale en matière de lutte contre la désertification*, Rapport UNESCO/UNSO, 98 p.

Chevalier (A.)

1932 *Ressources végétales du Sahara et de ses confins nord et sud*, Paris, Muséum d'Histoire Naturelle, 256 p.

Gallais (J.)

1994 *Les Tropiques. Terres de risques et de violences.* Paris, Armand Colin, 271 p.

Marty (A.) & (B.) Bonnet

1989 *Étude socio-économique, Rapport de synthèse.* Programme FIDA volet pastoral, IRAM. Niamey, Minisère de l'Agriculture et de l'Environnement, Ministère des Ressources animales et de l'Hydraulique, 97 p.

Monod (Th.)

1986 "The sahel zone north of the equator", in *Hot Deserts and Arid Schrublands,* (B), edited by Evenari (M.) & al., ch. 6, pp.203-243.

Morel (A.) & (A.) Moussa

1987 "L'évolution de la limite des cultures sous pluie dans le Sahel nigérien. L'exemple du canton de Tanout", in CEGET/CNRS éds., *Crise agricole et crise alimentaire dans les pays tropicaux. Journées de Géographie tropicale, Bordeaux, 20-22 fév. 1986,* Paris, Ed. du CNRS : 205-215.

Nicolas (F.)

1950 *Tamesna. Les Ioullemmeden de l'Est ou Touâreg "Kel Dinnîk" (cercle de T"âwa, colonie du Niger),* Paris, Imprimerie Nationale, 279 p.

Peyre de Fabrègues (B.)

1991 "Le système pastoral traditionnel chez les pasteurs du Tamesna, au Sahel du Niger. Passé, présent, avenir". in *IV° Congrès International des Terres de Parcours,* Montpellier, 751-753.

Sircoulon (J.)

1984-1985 "La sécheresse en Afrique de l'Ouest. Comparaisons des années 1982-1984 avec les années 1972-1973", *Cah. ORSTOM, Sér. Hydrol., vol. XXI, n°4.*

Sircoulon (J.)

1976 "Les données hydropluviométriques de la sécheresse récente en Afrique intertropicale. Comparaison avec les sécheresses "1913" et "1940", *Cah. ORSTOM, Sér. Hydrol., vol. XIII, n°2.*

Touré (I.A.) & (M.) Skouri

1992 "Eléments de réflexion sur l'évolution du pastoralisme dans les pays du Sahel", in *Relations Homme-animal dans les sociétés pastorales d'hier et d'aujourd'hui,* Actes du colloque, Rambouillet, 25-26 sept. 1992.

Wispelaere (G. de) & (B.) Peyre de Fabrègues

1991 *Évaluation et suivi des ressources pastorales par télédétection spatiale dans la région du sud-Tamesna (Niger). Étude thématique, Rapport final.* Paris, IEMVT/CIRAD, 2 vol..

CHRONIQUE D'UNE RÉUSSITE PASTORALE

Le "Kikuyu Grass" des plateaux africains.

Jean Boutrais,
Géographe ORSTOM.

En Afrique tropicale, l'amélioration des pâturages herbacés, base fourragère principale de l'élevage bovin, soulève des problèmes techniques et sociaux plus difficiles que des améliorations comparables dans le domaine agricole. L'objectif peut être envisagé par un changement des techniques habituelles d'exploitation des pâturages ou par un enrichissement de la composition botanique des pâturages.

La première méthode vise à préserver un bon état des pâturages, en allégeant la pression du bétail : réduction des charges, adoption d'une pâture par rotation ou mise en repos d'un secteur durant une longue période. Ces mesures sont extrêmement difficiles à faire adopter par des éleveurs qui en pâtissent dans l'immédiat, sans toujours en comprendre la légitimité lointaine.

La seconde démarche, en apparence uniquement d'ordre technique, semble plus aisée à mener à bien. Les pâturages africains sont assez pauvres en bonnes graminées et surtout en bonnes légumineuses fourragères, d'où l'idée d'y transférer des espèces souvent d'origine lointaine. En fait, aucune introduction de nouvelle espèce issue d'un autre continent n'a vraiment enrichi de façon décisive les pâturages africains. Le contraste est grand avec les plantes cultivées d'origine américaine (manioc, maïs, arachide) dont l'expansion à l'intérieur de l'Afrique se poursuit encore actuellement. Du côté des pâturages, les espoirs mis dans la luzerne tropicale, d'origine brésilienne (*Stylosanthes guianensis*), ont été largement déçus. Un

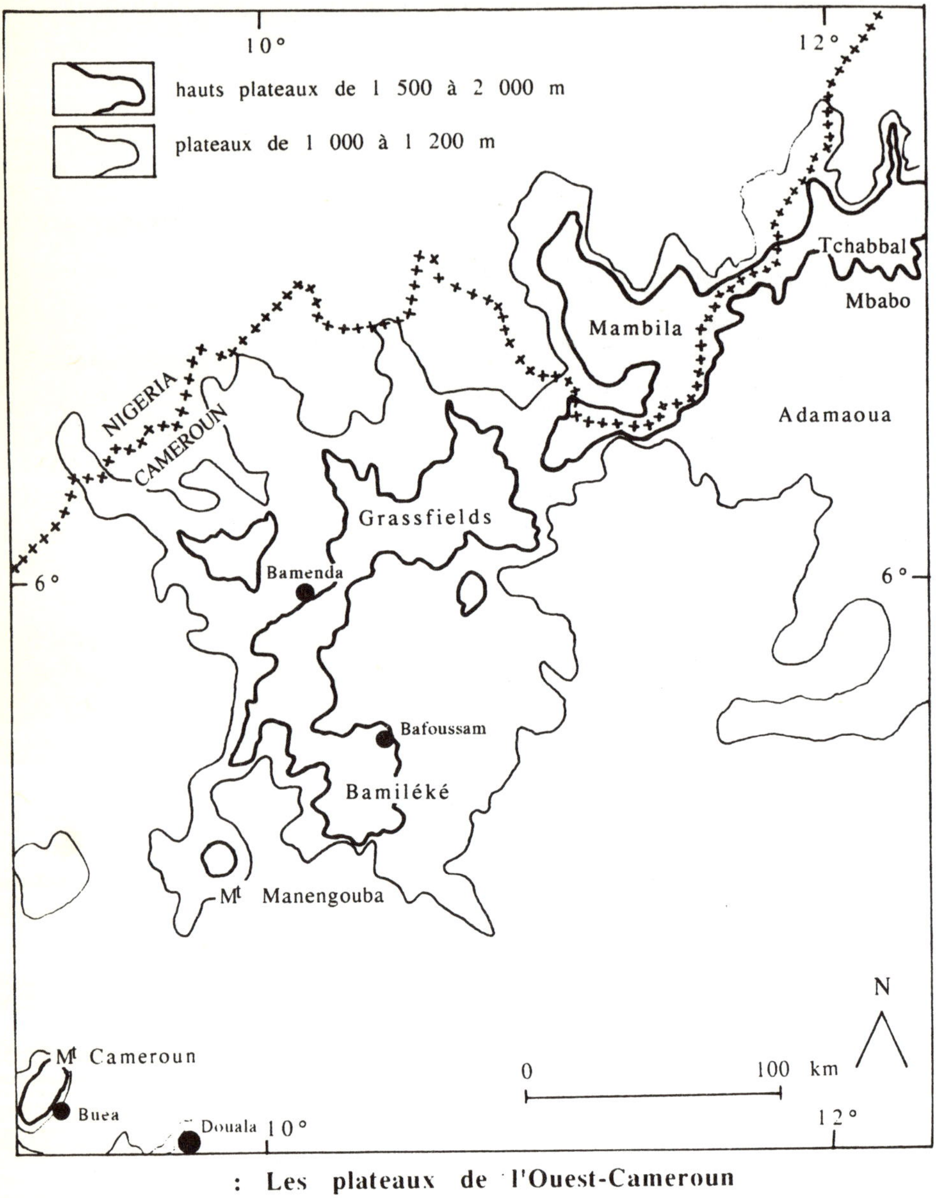

: Les plateaux de l'Ouest-Cameroun

champignon microscopique, l'anthracnose, a détruit ces pâturages artificiels à une vitesse foudroyante, au début des années 80. Et pourtant, les introductions de nouvelles plantes fourragères ne sont pas fatalement vouées à l'échec. L'exemple du transfert du "kikuyu grass" (*Pennisetum clandestinum*), d'un côté à l'autre du continent, en est une preuve.

La présentation de cet exemple adopte une démarche à l'interface entre sciences naturelles et sciences sociales, en privilégiant la composante spatiale de phénomènes pastoraux.

UN MILIEU D'ACCUEIL : LES PLATEAUX DES GRASSFIELDS

De "bons pays" d'élevage

Sur plus de 400 km du nord au sud, la Dorsale Camerounaise aligne des hauts plateaux étroits mais continus, que suit parfois la frontière entre Cameroun et Nigéria. Les hauts plateaux se déploient de 1 500 à 2 000 mètres d'altitude, en étant surmontés par des appareils volcaniques qui culminent à 3 000 (Mont Oku) et 4 000 mètres (Mont Cameroun). En contrebas, plusieurs gradins de reliefs se succèdent, en particulier l'un situé à 1 000-1 200 mètres, dominant des plaines à 700 ou 300 mètres. C'est une architecture de relief par plans étagés, les niveaux sommitaux étant souvent volcaniques et les autres granitiques. Du nord au sud, trois unités régionales s'individualisent : le Tchabbal Mbabo, le Plateau Mambila et les Grassfields qui se prolongent par des volcans isolés.

Les altitudes de ces hauts plateaux sont inhabituelles en Afrique de l'ouest. Une autre donnée importante du milieu tient au climat très humide. Les pluies excèdent 2 000 mm par an, en étant réparties sur une seule saison pluvieuse, longue de 8 à 9 mois. Très courte, la saison sèche n'en est pas moins sévère, surtout à haute altitude.

La combinaison de l'altitude et de l'humidité se traduit par une végétation montagnarde forestière mais transformée, par un peuplement très ancien, en prairies sur la majeure partie des hauts plateaux. C'est le paysage original des Grassfields ou Grasslands, que les Peuls appellent *caBBal* : étendues herbeuses situées en altitude, où le vent souffle et où il fait souvent froid. A des latitudes aussi méridionales (7° à 5° Nord), le milieu de tchabbal est éminemment favorable à l'élevage bovin. Pourtant, les Peuls n'y sont arrivés que tardivement et il n'y avait pratiquement pas d'élevage avant eux.

L'essor de l'élevage

Au milieu du 19e siècle, des Peuls conquérants (Foulbé) fondent de grandes chefferies (Gashaka et Banyo) d'où ils lancent des razzias sur les hauts plateaux (Tchabbal Mbabo et Plateau Mambila, nord des Grassfields). Mais leurs troupeaux ne stationnent pas sur les hauts pâturages. Les Peuls pasteurs (Mbororo) accèdent plus tard au plateau de l'Adamaoua, vers 1870. Ils ne gagnent les hauteurs du Tchabbal Mbabo que dans les premières années de ce siècle et le Mambila à partir de 1910. De là, ils migrent vers le Bamoun en 1916 et au Bamenda en 1918-19. Le pastoralisme peul est donc relativement récent sur les hauts plateaux de l'Ouest-Cameroun.

Après la Première Guerre Mondiale, ces régions d'altitude sont réparties entre deux administrations coloniales : française (Tchabbal Mbabo) et anglaise (Mambila, Grassfields). Le partage politique d'une région écologique homogène est lourd de conséquences, entraînant des difficultés pastorales (séparation des pâturages d'hivernage et de transhumance) et des gestions différentes de l'environnement.

Néanmoins, le cheptel bovin des nouvelles régions d'élevage augmente rapidement. Aux Grassfields, il passe de 100 000 têtes vers 1940 à 175 000 en 1950 et 200 000 en 1955. Au Mambila, le rythme d'accroissement est comparable, avec 95 000 têtes en 1945, 100 ou 130 000 en 1950 et 150 000 en 1955. Bien que des données chiffrées fassent défaut pour le Tchabbal Mbabo, le cheptel y progresse rapidement car des rivalités autour de pâturages opposent des Peuls à des éleveurs européens. A l'élevage peul s'ajoutent en effet des entreprises d'élevage françaises, notamment la Compagnie Pastorale installée sur les hauteurs des Monts Bambouto (Djutitsa).

L'essor rapide de l'élevage sur les hauts plateaux tient à l'abondance initiale des pâturages, à l'absence de maladie du bétail et à la proximité de marchés de consommation. Mais les hauts plateaux s'avèrent d'étendue limitée : 5 000 km^2 au Bamenda et 2 800 au Mambila, environ un millier au Tchabbal Mbabo. La discordance entre l'accroissement du cheptel et des étendues pâturables qui ont plutôt tendance à diminuer devant les cultures soulève le problème de la charge en bétail.

Menaces pastorales sur l'environnement

Les rapports administratifs anglais estiment, dès les années 40, que les pâturages du Bamenda et du Mambila sont surchargés en bétail. Accentuée par les feux de brousse, cette surcharge provoque le remplacement des bonnes graminées par des espèces médiocres mais résistantes à la pâture (*Sporobolus africanus*). Ensuite, ces espèces elles-mêmes ne couvrent plus le sol, aux endroits très fréquentés par le bétail. Les aires de stationnement des animaux (*waalde*) sont décapées et transformées en bourbiers en saison des pluies. Les pistes à bétail (*burtol*) se transforment en lignes d'érosion, creusées par le passage des animaux et des eaux. Elles s'élargissent à proximité des points d'abreuvement où les animaux se concentrent deux fois par jour. Les dos d'interfluve (*yoolde*) sont pâturés de préférence aux fonds de vallons en saison des pluies. Le couvert herbeux des parties hautes s'éclaircit en touffes discontinues et déchaussées par le piétinement des animaux. De diffus, le ruissellement devient concentré, en mini-rigoles (Hurault : 1975). En cas de pression extrême de pâture, ce processus aboutit au décapage complet des hauts d'interfluves. La surface dénudée du sol se durcit en saison sèche, formant une croûte superficielle. Cet état de surface a été observé en quelques secteurs du Tchabbal Mbabo, très chargés à longueur d'année.

Deux politiques d'environnement

Autant les Anglais se montraient attentifs aux menaces de l'élevage sur les pâturages d'altitude, autant les Français l'étaient peu, d'après les rapports administratifs. Les administrateurs français s'efforçaient d'abord de sédentariser les pasteurs et de percevoir la taxe sur le bétail. Les vétérinaires se souciaient de l'état sanitaire du bétail et quelques éleveurs français s'intéressaient aux foirails mais fort peu aux pâturages. Aussi, les exemples les plus spectaculaires de dégradation se trouvent-ils, aujourd'hui, du côté francophone.

Au contraire, les Anglais ont adopté très tôt une politique de protection des pâturages d'altitude. Elle a consisté d'abord en une réglementation de la pâture pour alléger les charges : déplacement d'éleveurs de secteurs déjà détériorés, division des gros troupeaux en unités plus petites (75 têtes au maximum). L'aspect réglementaire est complété par des essais d'amélioration des pâturages, grâce à l'introduction de nouvelles espèces fourragères. Deux stations d'élevage sont chargées de tester les essais et de préparer leur diffusion : Bambui, créée en 1942 à une altitude de 1 300 mètres et Jakiri, établie en 1944 à 1 800 mètres.

Les essais de nouvelles plantes fourragères s'orientent tous azimuths. Même des ray-grass de pays tempérés sont introduits ! C'est un échec prévisible mais il en est de même d'autres plantes dont le choix semblait plus judicieux. Alors que la légumineuse *Stylosanthes* a d'abord réussi presque partout en savanes, elle échoue de façon inexpliquée à Bambui. De bonnes graminées, pourtant d'origine africaine, se révèlent inadaptées à un élevage extensif. C'est le cas de l'Herbe de Rhode (*Chloris gayana*), originaire d'Afrique du Sud, qui exige l'apport d'engrais au moment des semis. Il en est de même pour *Paspalum dilatatum*, excellente graminée originaire d'Argentine. Échec encore pour l'Herbe de Guatemala (*Tripsacum laxum*) originaire d'Amérique centrale, une graminée vivace qui ressemble au maïs par ses feuilles et sa grande taille. Elle est ré-introduite dans les années 80, sans plus de succès que la première fois. Toutes ces graminées tropicales forment de bons pâturages mais à la condition d'un apport de beaucoup d'engrais.

L'inventaire des essais serait décourageant s'il n'y avait le kikuyu grass : *Pennisetum clandestinum*[1].

---

[1] Pourquoi "*clandestinum*" ? Ce nom scientifique lui fut donné par un botaniste en 1903, probablement d'après sa morphologie très particulière : une inflorescence toute petite et des feuilles effilées, comme si elle souffrait toujours de conditions défavorables.

LE MILIEU D'ORIGINE : LES HAUTS PLATEAUX KENYANS

Une graminée montagnarde et "anthropique"

Après une destruction ancienne de la forêt sur les hauts plateaux kenyans, une formation herbeuse s'est installée. Elle est dominée par le kikuyu grass, principal constituant botanique des "highland grasslands". Le nom commun de cette graminée provient d'une ethnie importante du Kenya, localisée au nord de Nairobi.

Cette graminée se tient, à l'état naturel, surtout sur les hauts plateaux situés entre 1 800 et 3 000 mètres et bénéficiant d'un climat relativement humide (1 000 mm de pluies). C'est donc une formation secondaire, implantée après la disparition de la forêt climacique. Elle se maintient longtemps, sauf si la fertilité du sol diminue. Elle est alors remplacée par une autre espèce de *Pennisetum*, donnant un fourrage plus grossier. Des plages de kikuyu grass peuvent s'installer en dehors des "highland grasslands" mais elles restent fragiles[1].

En conditions optimales, sur les hauts plateaux kenyans, le kikuyu grass forme un tapis herbacé dense et permanent, avec des stolons qui rampent à terre et des rhizomes. Les racines prennent naissance aux nœuds et les ramifications se dressent au niveau des entre-noeuds. Elles montent jusqu'à 60 cm et couvrent rapidement le terrain. Les tiges qui portent des fleurs puis des graines sont petites et l'inflorescence se remarque à peine.

La diffusion de cette graminée est favorisée par la pâture qui accélère une germination des graines dans les bouses de vaches, et par le vent qui dissémine les porte-graines. Au début du siècle, le kikuyu grass n'était pas aussi répandu qu'actuellement. Les premiers échantillons furent récoltés près du lac Naivasha où la faune sauvage était friande de ce fourrage. Ensuite, l'élevage bovin a contribué à le répandre. Seules, au Kenya, les tiges régulièrement broutées émettent des inflorescences au ras

[1] D'après des témoignages (communication orale de J. Tubiana), cette graminée serait également présente sur les hauts plateaux d'Ethiopie, mais il s'agit peut-être de *Pennisetum longistylum* qui lui est proche. On la trouve aussi dans certains jardins méditerranéens.

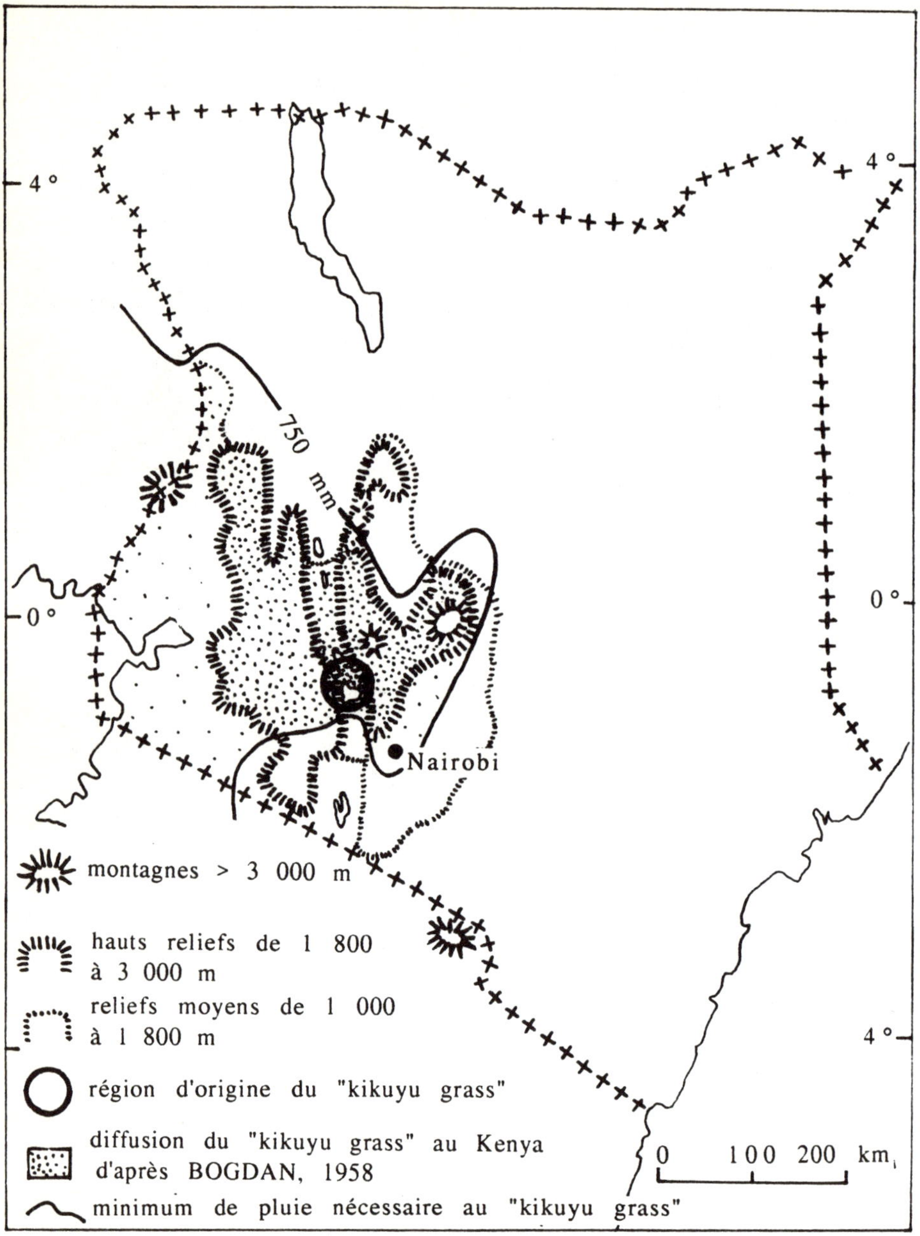

La région d'origine du "kikuyu grass" au Kenya

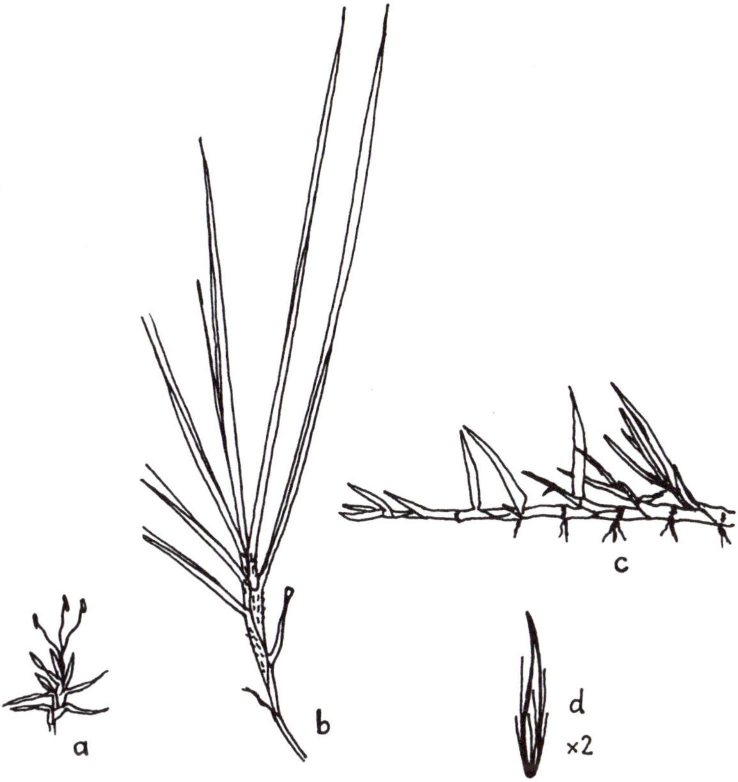

Pennisetum clandestinum, Hochst. a : inflorescence avec épillets, b : tige stérile, c : stolon, d : épillet entouré de poils (d'après EDWARDS, D.C. et BOGDAN, A.V, 1951).

Pennisetum clandestinum. Hochst (Kikuyu grass). Plante entière. Dessin d'après nature de B. HAVARD-DUCLOS (1967).

Croquis botaniques de *Pennisetum clandestinum*

du sol. En ce sens, l'expansion de cette graminée tient autant à des facteurs anthropiques, au sens large, qu'à une écologie montagnarde.

Au Kenya, c'est une graminée appréciée pour ses qualités fourragères et sa capacité colonisatrice, en rapport avec la pâture. Elle est souvent associée à un trèfle local dont la taille peut atteindre 30 cm. Mais une exploitation intense exige de maintenir la fertilité du sol. Aussi, la graminée prospère-t-elle surtout sur les sols volcaniques fertiles des hauts plateaux. A l'inverse, une mauvaise gestion des pâturages est réputée la faire reculer devant d'autres graminées.

Premières disséminations

L'intérêt du kikuyu grass commence à être reconnu à partir des années 1920, comme graminée fourragère et plante anti-érosive dans les zones tropicale et subtropicale d'altitude. Elle exige cependant des conditions d'humidité suffisante (750 mm et, peut-être, 1 000 mm de pluies). Sur plateaux relativement humides, la diffusion est rapide dans les élevages européens du Kivu (ex-Congo Belge) et d'Afrique du Sud. Des éleveurs l'utilisent surtout comme plante anti-érosive, aux endroits les plus menacés par le bétail : entrées et sorties de pâturages enclos, emplacements de bacs à sel, passages habituels des animaux. D'autres éleveurs européens l'introduisent comme composante de pâturages exploités intensivement, grâce à de l'irrigation et à des apports réguliers d'engrais.

Au Kenya même, le Service de l'Agriculture avait établi, à l'époque coloniale, des bandes anti-érosives dans la région des Kikuyu, en plantant des tiges de la graminée locale.

TRANSFERT ET DIFFUSION AU CAMEROUN

L'introduction

Quelques morceaux de tiges de kikuyu grass sont introduits à la station de Bambui en 1945 puis des rejets à celle de Jakiri en 1946. Leur pousse est tout de suite rapide. Les années suivantes, des implantations à des endroits dénudés par le bétail réussissent de façon spectaculaire à reconstituer un tapis herbacé.

Dès la fin des années 1940, le kikuyu grass devient un élément essentiel dans la lutte contre la dégradation des pâturages au Cameroun anglais. Un "Cattle Control Officer" et ses assistants distribuent des boutures aux éleveurs dont les campements sont entourés de sols dénudés. Les éleveurs ont l'obligation de planter la nouvelle herbe, sous peine d'amende. Cette obligation sera bientôt incluse dans les instructions des permis de pâture, délivrés par l'administration locale. La diffusion est d'abord effectuée sur les hauts plateaux au nord de Jakiri : Nso, Ndu et Binka.

Les boutures ne réussissent pas partout : c'est un échec le long des pistes à bétail, pourtant érodées, et aux points d'abreuvement. A l'inverse, le succès est total aux aires de stationnement du bétail : alentours de campements et simples lieux de repos. En plus d'un recouvrement de sols dénudés, le kikuyu grass s'introduit entre les touffes de *Sporobolus* qu'il finit par étouffer. Il manifeste donc une dynamique et même une agressivité végétales étonnantes.

Au Bamenda, le kikuyu grass n'émet pas d'inflorescences. Le bétail ne contribue donc pas à diffuser des graines. La nouvelle graminée se propage seulement par allongement des stolons et par bouturage. Les animaux contribuent à la répandre en éparpillant des morceaux de tiges dans les fentes de leurs sabots. Au Cameroun, il semble que le kikuyu grass constitue des tapis encore plus denses qu'au Kenya, sans association avec des trèfles locaux, même en régime de pâture intense. Cette abondance végétale est peut-être en rapport avec une pluviométrie plus importante que dans sa région d'origine.

Dans les années 1950, les rapports administratifs des Anglais insistent sur le succès de l'introduction du kikuyu grass aux Grassfields. Elle atteint le Mambila au nord et les hauteurs d'Obudu à l'ouest. Par contre, la Compagnie Pastorale ne l'adopte pas systématiquement sur les monts Bambouto, ce qui se remarque encore sur une carte des pâturages dressée 20 ans plus tard. Les tapis de kikuyu grass sont plus rares sur ses anciens pâturages que sur ceux des Mbororo au voisinage.

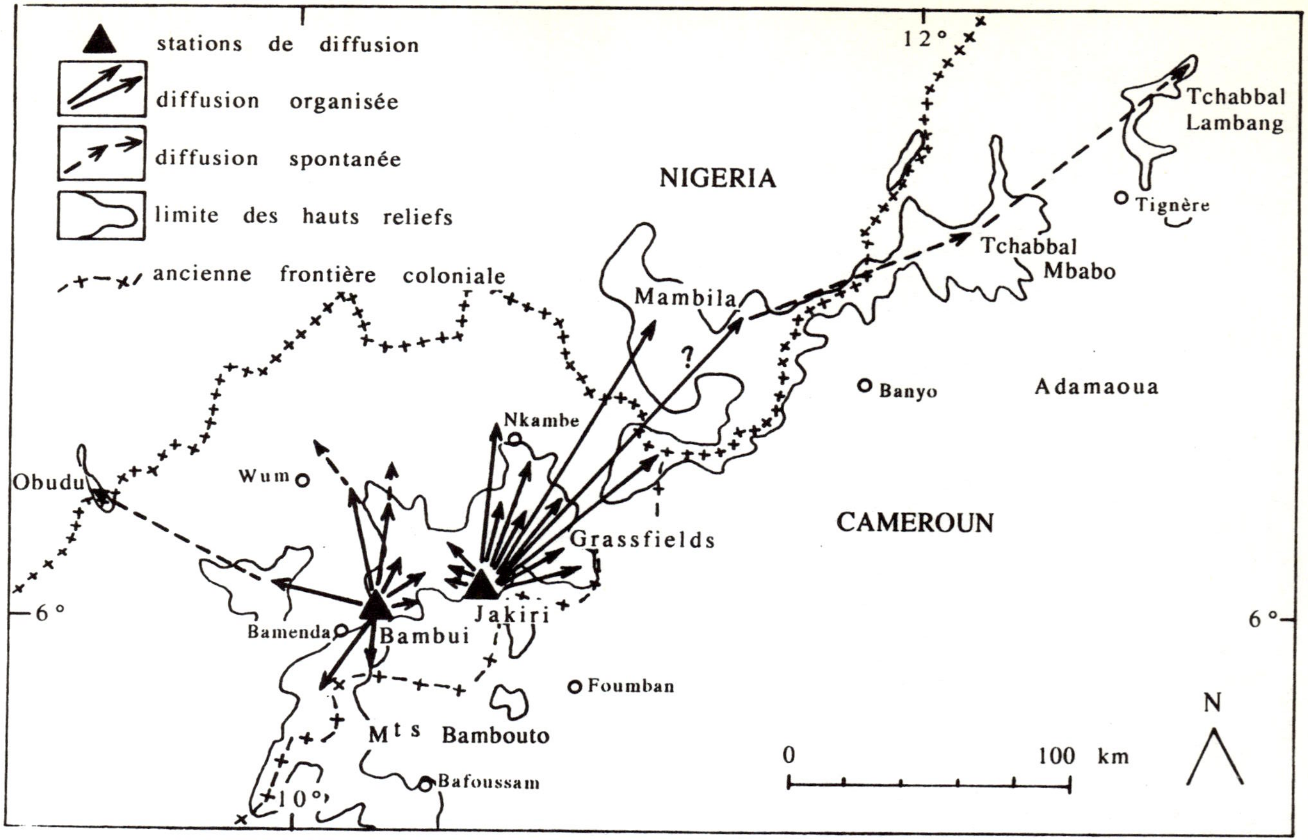

Diffusion du "kikuyu grass" sur les hauts plateaux du Cameroun

Des planteurs de café, séduits par les capacités de couverture de la nouvelle graminée, l'introduisent dans les plantations, au cours des années 1950. Cette technique d'arboriculture sur tapis herbacé sera abandonnée plus tard, une concurrence intervenant entre les racines superficielles des caféiers et celles du kikuyu grass.

Par rapport aux introductions de kikuyu grass dans l'ex-Congo Belge et en Afrique du Sud, l'originalité de la réussite aux Grassfields tient à ce qu'il s'agit d'éleveurs traditionnels et non d'Européens. Précisément, quelle fut l'attitude des Mbororo à l'égard de cette innovation ?

Réactions des pasteurs

L'hostilité

D'après les rapports administratifs de l'époque, les éleveurs ont accueilli favorablement la nouvelle graminée et l'ont adoptée. En fait, d'après les interviews rétrospectifs effectués sur place, l'accueil initial fut très peu favorable.

Les Mbororo appelèrent la nouvelle herbe : *geene Nasaara* (l'herbe des Blancs) et lui furent hostiles. Pour quelles raisons ?

Pas vraiment à cause du travail qu'elle exige. Contrairement aux autres espèces expérimentées, elle n'implique pas un vrai travail agricole du sol. Il suffit de lancer un coup de houe et de glisser la tige en terre. Le bouturage réussit presque toujours s'il est pratiqué en début de saison des pluies. Hostiles ou incompétents à retourner le sol, les Mbororo devraient plutôt être satisfaits des exigences minimales de la nouvelle herbe.

En fait, ils ne sont pas tellement concernés par les phénomènes de dégradation des pâturages qui préoccupent tant les Anglais. Pour les Mbororo, il est normal que les aires à bétail soient dénudées et les pistes à bétail érodées. De même, il est logique que des graminées grossières mais résistantes remplacent les bonnes graminées d'autrefois. Seule, la dénudation de dos d'interfluves leur apparaît regrettable. Mais elle ne justifie pas tant de contraintes et d'efforts !

Surtout, des accidents sont survenus aux animaux par l'ingestion de kikuyu grass, au point que des Mbororo l'ont également dénommée : *geene nyaw* (l'herbe à maladie).

D'après les descriptions, il semble qu'il s'agissait de gonflements gazeux, après pâture d'herbes couvertes de rosée, le matin. Les Mbororo ne savent pas intervenir, en perçant la panse des animaux gonflés. A cette époque, des étendues de kikuyu grass présentaient parfois une végétation herbeuse abondante. Il ne semble pas que ces accidents soient comparables aux empoisonnements d'animaux survenus sur des pâturages à kikuyu grass intensément exploités et fumés en Afrique du Sud.

Les louanges

Aujourd'hui, l'attitude des éleveurs vis-à-vis de la graminée introduite a complètement changé. Ils sont devenus favorables et même louangeurs à son égard. Pourquoi un tel revirement ?

La situation pastorale sur les plateaux n'est plus la même que pendant les années 1950. Les effectifs de cheptel ont encore augmenté, de 250 000 têtes en 1970 à 500 000 (?) à la fin des années 1980. Inversement, les pâturages se sont appauvris. Dans un contexte plus difficile, les étendues de kikuyu grass deviennent précieuses.

Depuis les années 1950, beaucoup de Mbororo se sont sédentarisés. Ils retiennent donc une partie de leur bétail aux environs du campement à longueur d'année. Ils peuvent le faire, grâce aux tapis de kikuyu grass dont les tiges restent vertes en début de saison sèche. Même en fin de saison sèche, les animaux continuent à brouter les tiges de cette graminée. Les chevaux et les moutons y paissent à longueur de journée ; les bovins y reviennent le soir. L'herbe introduite est devenue *geene barka* (l'herbe bénie). Continuellement rabattue sous forme de tapis ras, elle ne provoque plus de gonflements gazeux en saison des pluies.

L'attitude des éleveurs a basculé parce que la graminée introduite a pallié l'appauvrissement des pâturages devenus anciens et surexploités. Par sa résistance à la sécheresse saisonnière, elle a servi leur sédentarisation. Les éleveurs apprécient les qualités fourragères du kikuyu grass, alors que les Anglais l'avaient introduite comme plante anti-érosive. D'une façon, le quiproquo continue…

LIMITES D'EXPANSION

Graminée parfaitement adaptée au milieu des Grassfields et dotée de grandes capacités d'expansion, le kikuyu grass aurait dû finir par recouvrir tous les pâturages de hauts plateaux. Pourtant, ce n'est pas le cas. Même dans les conditions les plus favorables, par exemple au nord des monts Bambouto, elle reste circonscrite à plusieurs plages de petite étendue.

Première limitation : la fertilité du sol

Depuis les premières années 1960, le Service d'Élevage n'impose plus aux éleveurs la plantation d'herbe kikuyu aux endroits dégradés par le bétail. Aussi, de nouveaux ancrages d'herbe ne sont-ils plus créés volontairement. Surtout, les plages anciennes d'herbe kikuyu s'élargissent jusqu'à une certaine étendue puis elles se stabilisent.

Si les bouturages ont réussi sur les aires à bétail, c'est qu'elles bénéficient d'une fumure du sol par les déjections des animaux. Il est connu que cette herbe ne prospère dans son pays d'origine qu'à la faveur d'une certaine fertilité du sol. L'aire fumée par le bétail est en rapport avec l'effectif de cheptel qui stationne à chaque endroit. D'une façon, la surface couverte par le kikuyu grass reflète l'ancienneté de son implantation mais également l'importance du bétail qui fume l'aire à bétail. A telle enseigne qu'un éleveur dont le troupeau a diminué affirme que la plage d'herbe kikuyu, autour du campement, a également tendance à diminuer.

L'implantation de la nouvelle graminée aux Grassfields est en rapport étroit avec la présence de bétail. A la limite, elle n'est pas un acquis permanent.

La solution à ce type de contrainte semble techniquement assez simple : déplacer périodiquement les aires de stationnement des troupeaux de façon à couvrir, à long terme, une grande étendue de pâturages. En fait, cette solution, envisageable dans un élevage moderne aménagé par des clôtures, l'est moins aisément en élevage extensif traditionnel. Elle le serait davantage si les Mbororo des Grassfields enfermaient le bétail, de nuit, dans un parc à bétail. En espace pastoral complètement ouvert, les animaux se rassemblent et se reposent à des endroits habituels, dont ils ne changent pas volontiers. Les services techniques n'ont pas tenté d'aménager les pâturages pour étendre le couvert herbacé à kikuyu grass. Actuellement, la plupart des éleveurs en hauts plateaux souscriraient pourtant à un tel objectif.

Seconde limitation : l'altitude

Au Kenya, le kikuyu grass n'est devenu commun qu'au-dessus de 1 800 mètres. Mais les pluies sur les hauts plateaux kenyans restent comprises entre 1 000 et 1 500 mm. Aux Grassfields, elles sont plus abondantes, ce qui explique peut-être la présence de kikuyu grass dès 1 500 mètres. En dessous, il devient rare : quelques plages au Bamoun, aux environs de Wum et à l'est de Nkambe, à 1 200-1 300 mètres et, de façon exceptionnelle, à 1 000 mètres. Pourtant, un essai personnel de kikuyu, à Bamenda (1 200 mètres) a parfaitement réussi. Pourquoi le kikuyu ne s'est-il pas diffusé davantage au-dessous de 1 500 mètres ?

C'est une graminée réputée de haute altitude. En fait, ce n'est pas vrai partout. Au Mexique, elle prospère à 1 000 mètres sur des terres volcaniques et à Hawaï, elle s'implante du niveau de la mer jusqu'à 1 500 mètres, sur des sols également volcaniques. C'est, à nouveau, la fertilité des sols qui semble décisive, ainsi que des climats suffisamment pluvieux. Les gradins de plateaux moins élevés aux Grassfields sont développés sur des granites, avec des sols moins riches qu'en hauts plateaux.

Surtout, la plupart des éleveurs en bas plateaux se sont installés à partir des années 1960. La plantation de boutures de kikuyu grass n'est alors plus obligatoire autour des campements. Les placages de la nouvelle graminée proviennent seulement d'animaux transhumants, descendus des hauts plateaux.

En début d'implantation, le kikuyu grass requiert une pâture légère, surtout en saison sèche. Si la pâture est intense par des troupeaux qui ne transhument pas, les animaux arrachent les stolons et détruisent le tapis encore fragile de kikuyu grass. En effet, l'enracinement aux nœuds des tiges traçantes horizontales résiste moins à l'effet d'arrachement de la pâture qu'un système racinaire fasciculé (formant faisceau) de graminées à port dressé.

Dans le contexte climatique humide des Grassfields, la limite altitudinale inférieure du kikuyu grass n'est pas encore connue.

Les sites extrêmes actuels résultent davantage d'un arrêt de diffusion que de vraies contraintes naturelles.

Le désintérêt des services techniques

Le kikuyu grass reste inconnu sur la table principale de l'Adamaoua dont l'altitude oscille entre 1 000 et 1 200 mètres, en se relevant parfois jusqu'à 1 400-1 500 mètres. Certes, la pluviométrie est moindre qu'aux Grassfields (1 500-2 000 mm) avec, surtout, une saison sèche rigoureuse de 5 mois. Mais ces conditions naturelles interdisent-elles vraiment la présence de kikuyu grass ? En fait, son introduction n'a jamais été tentée, du moins sur des terrains suffisamment fertiles.

En 1980, j'ai découvert des plages de kikuyu grass sur le Tchabbal Mbabo, au-dessus de 1 700 mètres et sur le Tchabbal Lambang, à 1 900-2 000 mètres. Des Mbororo avaient apporté d'eux-mêmes des morceaux de tiges de la nouvelle graminée, à partir des Grassfields et du Mambila, au début des années 1960. Depuis lors, elle s'est répandue, par le biais des animaux, sur les hauteurs du Tchabbal Mbabo. Alors que les Mbororo apprécient ses qualités fourragères, les Foulbé sédentaires lui sont encore hostiles, pour des raisons mal élucidées.

Les services techniques ne s'occupent plus du kikuyu grass, même aux Grassfields où cette graminée est maintenant perçue comme une espèce locale. Ils portent leurs efforts sur d'autres graminées, par exemple *Brachiaria ruziziensis*, également originaire d'Afrique de l'Est et qui serait une espèce encore meilleure fourragère mais requérant davantage de soins.

Pourtant, le kikuyu grass a été diffusé avec succès dans la plupart des pâturages tropicaux humides et sub-humides : en Afrique du Sud surtout, en Amérique centrale (Mexique, Colombie), aux Îles Hawaï où il constitue de vastes pâturages et jusqu'en Australie et Nouvelle-Zélande.

C'est l'une des graminées africaines qui a contribué à améliorer les pâturages tropicaux un peu partout dans le monde. De nombreux exemples d'autres introductions végétales en Afrique n'évoluent pas de façon aussi heureuse. Une fois insérée dans un nouveau milieu, la plante exogène acquiert soudain un développement exubérant et impossible à contrôler. De plantes utiles, la jacinthe d'eau ou l'herbe du Laos sont ainsi devenues des pestes végétales. Au contraire, le kikuyu grass atteint vite des limites d'expansion. Finalement, cette graminée s'ajuste à l'importance de l'élevage ; elle avance ou recule, véritable reflet et indicateur des variations de taille des troupeaux. Support précieux de sédentarisation, elle ne reste mal perçue que par les cultivateurs, confrontés aux difficultés de l'extirper de sols laissés longtemps en jachère.

CONCLUSION : LES CONDITIONS DE RÉUSSITE D'UNE INTRODUCTION VÉGÉTALE

Les conditions d'introduction du kikuyu grass au Cameroun illustrent quelques constantes relatives à l'environnement pastoral. D'abord, le fait qu'elle ait eu lieu en zone anglaise n'est pas indifférent. Longtemps, les réseaux scientifiques ont fonctionné de manière cloisonnée entre les stations agricoles de l'Afrique francophone et celles du monde anglophone. Originaire d'un pays autrefois administré par les Anglais, le kikuyu grass a été très vite diffusé dans les pays qui gravitaient dans la même sphère politique et scientifique.

Les stations agronomiques ont joué un grand rôle dans l'introduction du kikuyu grass hors de sa région d'origine. Elles n'ont pas été aussi performantes dans la diffusion de la nouvelle graminée auprès des éleveurs eux-mêmes. C'est une autre démarche, moins technique mais impliquant une collaboration des sociétés locales, dans le cadre d'un aménagement des pâturages. En Afrique du Sud, le kikuyu grass a d'abord été adopté par des éleveurs européens. Son introduction auprès d'éleveurs africains est une originalité des Grassfields.

Pour que l'introduction d'une espèce végétale soit une réussite, il ne suffit pas qu'elle prospère dans les stations d'accueil, sous la protection d'un service technique. Il faut également qu'elle soit adaptée aux systèmes de production locaux, ce qui représente une acclimatation beaucoup plus difficile. Or, c'est dans ce transfert que la réussite du kikuyu grass est devenue remarquable au Cameroun.

Dans un premier temps, l'accueil d'une innovation par les sociétés rurales est souvent réservé ou franchement hostile. Mais ce comportement n'est pas irréversible. Les sociétés peuvent adopter plus tard l'innovation et même l'intégrer complètement à leur système de production, si elle sert leur activité ou si elle supporte un projet social. Le retournement d'attitude des Mbororo à l'égard du kikuyu grass en est un exemple. S'il a gagné leur faveur, ce n'est pas pour les mêmes raisons que celles avancées par les Anglais.

Des changements d'attitude à l'égard de plantes introduites sont également le fait des services techniques. Des plantes bénéficient de leur faveur à une époque puis elles tombent en disgrâce, pour des raisons complexes. Il existe des modes à l'égard de nouvelles plantes, présentées comme des panacées, avant la découverte de leurs limites et inconvénients. Les interférences entre des politiques d'introduction et les réactions ou initiatives locales forment la trame d'une véritable histoire de l'environnement. La diffusion du kikuyu grass sur les hauts plateaux du Cameroun illustre une période de l'histoire végétale de ces pâturages d'altitude.

BIBLIOGRAPHIE

BOGDAN (A.V.), 1958, *A revised list of Kenya grasses.* Nairobi, Gov. Printer, 73 p. + fig.

BOUTRAIS (J.), 1992, *Hautes terres d'élevage au Cameroun.* Études et thèses, ORSTOM, 2 vol. 1 301 p. + cart. en coul.

COMPERE (R.), 1960, Mise en valeur des pâturages improductifs à Kikuyu (Pennisetum clandestinum) ; essai en région du Mulume-Munene (Kivu). *Bull. Agr. du Congo,* vol. 51, n° 4, p. 923-945.

EDWARDS (D.C.), 1940, The reaction of Kikuyu grass (Pennisetum clandestinum) herbage to management. *Empire Journ. Experim. Agric.,* vol. 8, p. 101-110.

EDWARDS (D.C.), BOGDAN (A.V.), 1951, *Important grassland plants of Kenya.* I. Pitman, Nairobi, X-124 p., fig.

FOSCOLO (E.), 1949, Un élevage à Jegu (Ituri). *Bull. Agr. Congo Belge*, vol. 40, n° 2, p. 1901-1906, photogr.

HAVARD-DUCLOS (B.), 1967, *Les plantes fourragères tropicales.* Maisonneuve et Larose, Paris, 397 p., fig., infex, bibliogr.

HAWKINS (P.), BRUNT (M.), 1965, *The soils and ecology of West Cameroon ; report to the Government of Cameroon (a broad reconnaissance survey, with special reference to the Bamenda area).* F.A.O., Rome, 2 vol. dt. 1 vol. d'annexes, 506 p. multigr., fig., photogr., bibliogr. + 10 cart. depl.

HURAULT (J.), 1975, *Surpâturage et transformation du milieu physique ; l'exemple des hauts plateaux de l'Adamaoua (Cameroun).* IGN, Paris, 218 p., fig., photogr.

LYNEWATT (W.), 1925, Kikuyu grass. *Bull. of miscellaneous inform.*, Royal Botanic Gardens, Kew, p. 403.

MARTINOWICH (D.), SMITH (B.), 1973, Kikuyu poisoning of cattle. *New Zealand Vet. Journ*, vol. 21, n° 55.

MEARS (D.J.), 1970, Kikuyu (Pennisetum clandestinum) as a pasture grass ; a review. *Trop. grasslands*, vol. 4, n° 2, p. 139-152.

McCULLOCH (J.M.), 1949, Grazing improvement in Bamenda Division, Cameroons under British Mandate. *Bull. Agr. du Congo Belge*, vol. 40, fasc. 2, p. 1878-1883.

NDABANEZE (P.), 1989, *Catalogue des graminées du Burundi.* Lejeunia, Liège, n° 132.

SCAETTA (H.), 1936, Les pâturages de haute montagne en Afrique centrale. *Bull. Agr. du Congo Belge*, vol. 27, n° 3, p. 323-378, photogr. + annexes

STAPF (O.), 1921, Kikuyu grass. *Bull. of miscellaneous inform.*, Royal Botanic Gardens, Kew, p. 85-93, fig.

TATON (A.), 1949, Les principales associations herbeuses de la région de Nioka et leur valeur agrostologique. *Bull. Agr. Congo Belge*, vol. 40, n° 2.

VAN HEERDEN (J.) et al., 1978, An outbreak of "Kikuyu poisoning" in Western Transvaal. *Journ. of the South African Vet. Assoc.*, vol. 49, n° 1, p. 27-30, fig., bibliogr.

WHITNEY (A.S.), 1971, Sward characteristics of Kikuyu grass ; their measurements and interrelationships. *Colloque sur l'intensification fourragère....*, p. 84-91, fig., tabl., bibliogr.

Dans l'Eghazer wan Agadez, plaine au sud-ouest de l'Aïr, un *Acacia nilotica,* unique exemplaire dans toute la région donne son nom au lieu : *Tiggart* (cl. E. Bernus).

Récolte des graines, enfouies dans une fourmilière, par une servante de la tribu des Igdalen, à l'ouest d'Agadez (cl. E. Bernus).

Puits et abreuvoir en ciment dans le lit du *wadi kauRa* sur la bordure méridionale de l'Ennedi, au nord-est du Tchad (cl. Jérôme Tubiana).

Abreuvage des chameaux à l'entrée des gorges d'*archi,* Ennedi. L'eau est puisée dans la première guelta et vidée dans un récipient métallique (cl. Jérôme Tubiana).

Femme récoltant des céréales de cueillette *(Panicum laetum)* dans la vaste zone d'épandage du *wadi ndu,* Ennedi, en décembre 1994 (cl. M.-J. Tubiana).

Tchad. Repas autour d'une « boule » de mil (cl. Jérôme Tubiana).

Tchad. Confection de greniers à mil en terre crue et toit de paille, au sud d'Abbéché, auprès d'un grand champ collectif (cl. M.-J. Tubiana).

Tchad. Greniers à maïs en tiges de sorgho, région de Karal (cl. M.-J. Tubiana).

Tchad, Chari-Baguirmi. Battage du mil (cl. C. Arditi).

Tchad, Chari-Baguirmi. Conservation des semences de sorgho dans un récipient fait de feuilles de *Calotropis procera,* plante toxique pour les insectes et les termites (cl. C. Arditi).

Camion libyen approvisionnant les marchés de l'est tchadien, arrêté par la douane à Bahay, à la frontière du Soudan (cl. M.-J. Tubiana).

Tchad. Marché au Kanem (cl. C. Arditi).

Pépinière d'*Azadirachta indica* (« nîmier ») installée sur un ancien champ de mil par un riche propriétaire « novateur », Niger, Ader, déc. 1993 (cl. A. Luxereau).

Constitution par achats successifs d'un très grand jardin de vallée, destiné aux cultures maraîchères (ici des choux introduits depuis 1984), Niger, Ader, déc. 1993 (cl. A. Luxereau).

Cameroun, Bantem, 2 000 m. Chaque soir, les animaux se rapprochent des campements où ils broutent le tapis de « kikuyu grass » (cl. J. Boutrais).

Cameroun, environs de Jakiri, 1 800 m. Tapis de « kikuyu grass » restreint aux abords du campement d'un berger (cl. J. Boutrais).

UN SITE MENACÉ : LE PAYS IRO (TCHAD)

Claude Pairault
Laboratoire d'Anthropologie et de Sociologie de Tours

Les notes qui suivent commentent un séjour de presque trois mois (15 février - 12 mai 1991) à Boum Kabir, au bord du lac Iro, dans la sous-préfecture de Kyabé. Entre 1959 et 1964, j'avais habité pendant vingt mois ce même village, pour y mener une enquête ethno-linguistique conclue par deux publications[1]. A trente ans de distance, mon objectif était d'observer le nouvel état des lieux dû aux changements socio-culturels survenus dans ce microcosme[2].

UN PREMIER CHANGEMENT MANIFESTE EST D'ORDRE ÉCOLOGIQUE ET DÉMOGRAPHIQUE

L'agglomération de Boum Kabir a plus que doublé sa superficie : en l'espace de vingt ans elle s'est accrue, vers le sud, d'un nouveau quartier appelé *Tardôna* ("Ils nous ont chassés") dont l'habitat est beaucoup plus clairsemé que celui des anciens quartiers. Depuis 1970, la partie orientale de ce nouveau quartier sert de "camp militaire" ; jusqu'à une date toute récente (début février 1991), ce camp hébergeait une centaine de militaires dont, ces années dernières, une bonne moitié était installée là avec femmes et enfants. D'autres part, à la suite des événements de 1979, un certain nombre d' "arabes" fuyant les émeutes de

---

1 *Boum-le-Grand, village d'Iro,* Paris, Institut d'Ethnologie, coll. Travaux et Mémoires LXXIII, 1966, 476 pages ; *Documents du parler d'Iro,* Paris, Éditions Klincksieck, coll. Langues et littératures de l'Afrique Noire, V, 1969, 286 pages.

2 Depuis la rédaction de cet article (nov. 1991), C. Pairault a publié *Retour au pays d'Iro. Chronique d'un village du Tchad.* Karthala, 1994, 292 p. (N.D.L.R.).

Sarh et de Kyabé, avaient trouvé refuge à Boum. Enfin, l'implantation d'un marché, fonctionnant tous les mardis depuis le début des années 80, a aussi contribué à grossir le nombre des allogènes établis au village.

En 1961, j'avais recensé 897 habitants ; mon recensement de mars 1991 en a dénombré 1291[1], compte non tenu d'une cinquantaine de personnes comprenant les familles de fonctionnaires maintenant affectés sur place (poste administratif, brigade de gendarmerie, eaux et forêts, école, dispensaire), et de la garnison militaire, réduite depuis le mois de mars à quelque 35 individus[2].

Boum Kabir fut fondé - sans doute à la fin du XVIIIe siècle - à partir du village de "Boum Saker", qui, en 1961, était distant d'un kilomètre et comptait 250 habitants. Boum Saker aussi a grandi (416 habitants au début de 1991), et s'est déplacé quelque peu vers le nord.

Résultat de ces évolutions :

Boum Kabir et Boum Saker forment désormais une seule agglomération : certaines demeures du sud de Tardôna jouxtent aujourd'hui les maisons septentrionales de Boum Saker.

Au début de 1991, cet ensemble comprenait plus de 2.000 habitants.

Par suite des récentes sécheresses[3] et de nombreux défrichages pratiqués pour créer des champs de case à Tardôna, la végétation naturelle du village a considérablement diminué. Ainsi, le sud-est de l'actuel Tardôna était naguère une zone arborée (*ɲáápárì*) dans laquelle on ne cassait même pas des branches sèches, de peur que les moustiques n'envahissent le village. Sur cette aire, aujourd'hui débroussée et construite, on a planté seulement quelques manguiers. A partir du village, le lac Iro s'aperçoit maintenant de partout, ce qui n'était pas autrefois le cas.

---

1 répartis dans quelques 510 demeures (soit 221 de plus qu'en 1961).

2 En janvier 1991, avant le départ du contingent précédemment stationné au village, le camp militaire comptait 117 maisons, hébergeant environ 250 personnes (hommes, femmes et enfants). À cette époque, la population totale du village tournait autour de 1.600 résidents, soit une augmentation démographique de 44% par rapport à 1961.

3 Les trois dernières datent de 1979, 1984, 1990.

Depuis le centre de Boum Kabir jusqu'à la rive du lac, la distance moyenne est de deux kilomètres, compte tenu de l'importante surface exondée par la décrue des eaux entre chaque mois d'octobre et le mois de juillet suivant. L'amplitude de cette variation fait, depuis trois ans, l'objet d'une mesure quotidienne[1]. Mais, hormis cela, aucune étude pluviométrique ni hydrologique n'a encore été entreprise, malgré l'intérêt évident d'une étendue d'eau pérenne qui correspond d'abord à la "libération" d'une nappe phréatique (peut-être amoindrie par des années de sécheresse, mais jamais encore tarie). En période d'étiage, l'eau du lac couvre une surface de peu inférieure à 100 km^2.

L'ESTHÉTIQUE DU VILLAGE S'EST ELLE-MÊME SENSIBLEMENT MODIFIÉE.

J'ai parlé ci-dessus du "centre" de Boum Kabir. Aujourd'hui, ce terme correspond seulement à une abstraction topographique. L'ancienne place de *Kilo Tamba* n'existe plus, et aucun lieu central ne l'a remplacée, sinon peut-être la place où, depuis 1985, se tient le marché, tout proche d'une nouvelle mosquée et d'une école comprenant deux bâtiments cernés par un espace récréatif désespérément nu.

Dans l'ensemble, les ingrédients de l'architecture locale restent la paille, le bois, le "banco", les attaches d'écorces et la forme ronde des maisons. Mais, il y a trente ans, j'avais compté 91 demeures "à voûte de paille" (*tòŋ-kì tãmõnnè*) ; il n'en existe actuellement plus une seule. La quasi-totalité des maisons habitées se compose, pour 9 %, de *tòŋ-kì kúúsì* (demeures légères en bois et sékos) et, pour 86 %, de *tòŋ-kì tí-n* (briques de terre crue et bois, toit de paille non doublé de panneaux

1 Voici quelques chiffres indiquant la différence de niveau du lac entre étiage et crue :

Année	Date de l'étiage	Date de la crue	Différence de niveau (en cm)
1988	13/14 juillet	30 sept./ 1 octobre	284
1989	5/6 août	31 oct./ 1 & 2 nov.	242
1990	2 août	30 septembre	231

internes tressés). La technique utilisée pour ces dernières avait fait son apparition à Boum en 1947 ; en une quarantaine d'années, elle a supplanté les anciennes manières de faire[1].

Vêtements et parures se sont largement alignés sur la mode "arabe". Les jeunes filles tressent leurs cheveux et n'ont plus la poitrine découverte. Les femmes ne portent plus les anneaux de cheville, et ont presque toutes abandonné le labret. Pour les fêtes, beaucoup d'hommes revêtent la djellaba et le kadmoul. Plus un seul habit de coton ne provient du tissage artisanal ; tous sont à base d'étoffe industrielle achetée avec des francs.

Je n'ai à peu près rien entendu, durant cette année 1991, des riches répertoires musicaux d'antan. Il est vrai que la mauvaise saison des pluies précédente laissait bien des familles dans une situation de disette, et qu'on n'avait guère le cœur à danser… Les jeunes ont emprunté de nouveaux rythmes venus du pays sara ou du Guéra (par exemple, *kises*). Quant aux jeunes enfants, ils s'ébattent inlassablement, à peu près tous les soirs, en chantant des ritournelles au son de petits tambours faits à leur mesure.

SAVOIRS ET TECHNIQUES[2]

Les techniques locales de la poterie et de la forge connaissent un certain ralentissement, dans la mesure où des ustensiles d'usage courant sont désormais accessibles au marché (cuvettes et récipients d'émail ou d'aluminium plus légers et incassables, outils d'agriculture et de pêche). A noter qu'il n'y a plus un seul tisserand au village, ni de cardage ou de filage du coton.

L'agriculture reste fidèle à ses façons traditionnelles, en dépit d'un effort, datant d'une dizaine d'années, pour adopter la culture attelée. Cette initiative a tourné court : les bœufs dressés sont morts de maladie, ou bien ont été volés (par des "Arabes") ou vendus. En mai 1991, je n'ai vu fonctionner qu'une charrue attelée de deux bœufs sur un lopin de terre au village.

Depuis quelque vingt-cinq ans, la chasse est officiellement interdite (statut de "réserve" du lac Iro, à proximité du parc

---

[1] A noter la présence de sept bâtiments "en dur", au lieu d'un seul en 1960 (le dispensaire, construit cette année-là).

[2] cf Boum le Grand … 1966 : 45-163.

national de Zakouma). Elle est d'autant plus tombée aujourd'hui en désuétude que le nombre des bêtes sauvages a considérablement diminué. Les sécheresses, les armes des militaires depuis vingt ans, la présence désormais régulière d'un abondant cheptel bovin pendant les saisons sèches ont eu raison d'une faune qui, si elle réintègre cette région, ne la repeuplera que lentement.

Une situation de fait perdure : il n'y a toujours aucun puits dans le village. Les femmes continuent à chercher l'eau jusqu'au lac, deux, trois ou quatre fois par jour, à raison d'une heure environ pour chaque aller et retour. L'eau rapportée est grise d'une argile mêlée au liquide par le vent qui souffle souvent, et parfois très fort, sur le lac.

En revanche, un autre liquide a fait son apparition, et ce sont les militaires qui en portent la responsabilité. Il s'agit de l'*argui*, cet alcool de sorgho ou de mil, fabriqué par leurs femmes pour se faire quelque revenu. Des femmes du village, m'a-t-on dit, savent aussi maintenant le fabriquer. A la différence de la bière de mil, traditionnellement en honneur dans le pays, l'*argui* peut être qualifié d'individuellement et socialement nocif.

En janvier 1961, dans un simple hangar de paille jouxtant le dispensaire, a démarré une petite école dont le premier maître était un jeune Sara Kaba des environs de Kyabé. A cause des troubles violents qui n'ont pas épargné Boum, le fonctionnement de cette école a été suspendu entre 1967 et 1971, mais, depuis 1977, elle comprend six classes, c'est-à-dire l'intégralité du cycle primaire. Dans l'année 1990-91, un seul enseignant est affecté à Boum : l'instituteur adjoint, directeur de l'école. Il est aidé de deux "maîtres bénévoles", villageois scolarisés auxquels une apathique "Association des Parents d'Élèves" ne donne pas un sou ni une aide en nature. Le directeur fait tout ce qu'il peut pour mener quelques élèves jusqu'au certificat d'études : cette année, il devait en conduire sept à Kyabé, la sous-préfecture où se passe l'examen (à 130 km du village). A la rentrée de septembre 1990, l'effectif scolaire comprenait 191 garçons et 55 filles ; en avril 1991, il ne comptait plus que 84 garçons et 23 filles. Cette évaporation de 43,5 % s'explique par le départ, depuis février, de nombreuses familles de militaires, mais aussi et peut-être surtout par un certain désintéressement des parents à l'égard de la carrière scolaire de leur progéniture. Au reste, les élèves qui sont admis au concours d'entrée en sixième ne peuvent poursuivre cette carrière qu'en émigrant à Kyabé ou à Am Timan.

La langue locale est le *kùlááI* ou, plus exactement, la variété de *kùlááI* appelée *pòŋààl*. En 1960, personne au village ne savait parler français. Il n'en va pas de même aujourd'hui, où un certain nombre de jeunes, passés par l'école, ont appris à utiliser cette langue. L'usage de l'arabe, lui aussi, a progressé : servant depuis longtemps de langue véhiculaire dans la région, il est couramment employé à Boum par les nouveaux résidents venus du Guéra ou du Salamat, ainsi que par les commerçants du marché. Tous les villageois et beaucoup de villageoises le comprennent et le parlent. Ces apports langagiers, surtout l'apport arabe, ont déteint sur la langue locale ; un ami m'a fait remarquer, par exemple, que les enfants eux-mêmes ne comptent plus en kùlááI, mais en arabe, au marché et même dans la vie quotidienne.

L'ÉCONOMIE

L'économie traditionnelle du village a reçu un premier ébranlement à partir des années 30, époque où l'exploitation obligatoire du coton fut instaurée par le colonisateur. Trente ans plus tard, durant mon premier séjour au bord du lac Iro, j'avais déjà constaté - notamment dans la procédure des mariages, ainsi que dans certains petits commerces - la substitution des espèces monétaires modernes (le franc CFA) à celles que fabriquaient jadis les forgerons. Désormais, l'acquisition de francs CFA est devenue un souci généralisé, cependant que les natifs restés au village ont beaucoup de peine à s'en procurer.

Le modeste et parfois dérisoire revenu annuel que leur apportait la culture du coton leur est maintenant interdit, puisque le dernier achat de coton effectué à Boum par la Coton-Tchad date de 1988. En 1987, cette société fermait son usine d'égrenage de Kyabé ; en 1988, ses camions sont venus de Sarh pour enlever le coton du lac Iro ; à partir de 1989, elle y a renoncé, étant donné le piètre état des chemins, la longue distance à parcourir et le faible rendement des récoltes. Elle a estimé qu'acheter et transporter le coton du lac Iro n'était pas une opération rentable.

Pourtant, des échanges commerciaux peuvent s'opérer sur place, depuis le milieu des années 80, avec l'instauration d'un marché hebdomadaire qui se tient le mardi. Dans ce marché, quelques échoppes fonctionnent toute la semaine, mais dès le lundi arrivent à Boum par petits paquets une quantité d'ânes bâtés, montés par des hommes enturbannés. Ils viennent surtout de Roro, où le marché a lieu tous les samedis. Le mercredi matin, ces commerçants reprennent leur pérégrination. Un rythme d'achats et de ventes s'est établi entre les trois marchés de Zan (vendredi), de Boum (mardi) et de Roro (samedi).

Une économie saisonnière d'élevage a fait son apparition dans le pays. En 1960-64, on pouvait voir quelques troupeaux de bovins passer en saison sèche dans les plaines au sud-est du lac. Mais ils n'y demeuraient pas : la présence de mouches tsé-tsé s'attaquant au bétail empêchait les éleveurs de faire longue halte près d'Iro. La situation actuelle est très différente. Ainsi, en 1990, l'équipe vétérinaire chargée des vaccinations du bétail dans le Moyen Chari a administré 21.031 vaccins antipestiques dans les centres de Souka, Majok et Kouré, trois villages situés à la périphérie immédiate du lac. Entre les mois de janvier et de mai, un grand nombre de campements (*ferik*) s'installent au pourtour des rives, dans les grandes plaines dont l'inondation s'est retirée. Par collaborateurs interposés, 31 ont été visités dans cette aire, en février et mars 1991. A m'en tenir aux déclarations des chefs de *ferik*, ces campements (26 arabes et 5 bororo) abritaient alors une population de 1.812 personnes (307 hommes, 371 femmes, 1134 enfants) conduisant 17.034 bovins. Vus d'avion, la plupart de ces campements forment une circonférence d'abris oblongs recouverts de paille ou bâchés ; au centre de la circonférence peuvent être rassemblées, la nuit, les bêtes du troupeau. La taille du campement est variable. Parmi les 31 visités, le plus important hébergeait 460 personnes (67 hommes, 85 femmes, 308 enfants), avec 7.395 bovins, 786 moutons et chèvres, 54 chevaux, 21 ânes et 2 dromadaires. Le plus petit se composait d'une vingtaine de personnes possédant 60 bovins, 10 moutons et chèvres, 6 ânes.

En traversant la grande plaine qui s'étend de Majok à Kouré, sur la rive orientale du lac Iro, on croisait un certain nombre de carcasses attirant les charognards, ou de bêtes couchées pour agonir, signe que, malgré les rudes périodes de sécheresse, la mouche tsé-tsé, vecteur de la trypanosomiase, n'a pas disparu, continuant de joindre ses méfaits à ceux de la dystomatose causée par la douve de l'eau du lac. Il y aurait certes moyen, pour les éleveurs, de se prémunir contre ces maux, car il existe un service vétérinaire. Mais celui-ci (sans doute en avance sur la procédure des services médicaux...) exige le recouvrement des coûts pour tous traitements prophylactiques ou curatifs autres que le vaccin contre la peste. Dans ces conditions, le traitement sérieux d'une bête coûte au moins 1.000 francs CFA pour la saison ; s'il s'agit d'un troupeau de 500 têtes, l'éleveur estime sans doute que perdre quelques bêtes lui reviendra moins cher que d'en vendre suffisamment pour obtenir les 500.000 francs CFA destinés à payer les soins. Selon l'un des vétérinaires rencontrés à Boum, les éleveurs dits bororo (qui s'appellent eux-mêmes *woDaaBe)* sont plus empressés que les autres à fréquenter les services vétérinaires[1].

Concernant la nombreuse population d'éleveurs transhumants désormais présents dans la région d'Iro durant la saison sèche, il serait certainement instructif de procéder à une enquête socio-économique approfondie sur un élevage qui, à tort ou à raison, m'a semblé encore passablement "contemplatif". Faute de temps et d'une compétence suffisante en arabe, je ne pouvais me charger de cette enquête, laquelle d'ailleurs ne serait pas aisée, car les éleveurs sont gens plutôt méfiants, discrets sur leurs agissements et sur leurs intentions.

Ce qui, en revanche, est vite perceptible, c'est le préjudice créé aux paysans de Boum par certain envahissement incontrôlé des troupeaux sur leurs terrains de culture, notamment sur la bordure exondée du lac : j'y ai vu, en avril, un jardin planté de gombo dont les bêtes avaient franchi l'enceinte d'épineux soigneusement installée ; tous les jeunes plants de gombo avaient été broutés. Il est vrai que, depuis le temps de Caïn et Abel, paysans et éleveurs ne sont pas toujours portés à se lier

---

[1] Pour une raison ou des raisons qui reste(nt) à déterminer, le total des vaccins antiseptiques administrés à Souka-Majok-Kouré en 1991 est très inférieur au nombre enregistré l'année précédente : 2.151 contre 21.031.

d'amitié... Cela dit, j'ai cru comprendre, près du lac Iro, que, du temps du précédent gouvernement, les éleveurs pouvaient assez aisément agir en toute impunité (l'histoire d'un sous-préfet de Kyabé, en 1990, l'a montré), et, quoi qu'il en soit, on n'a pratiquement pas imposé à Boum le respect, par les éleveurs, d'une zone villageoise bordière du lac, qui, en théorie, leur était interdite. Les populations allochtones font une grande différence entre l'attention dont leurs terrains de culture sont l'objet de la part des éleveurs bororo, et le sans-gêne, voire la malhonnêteté d'éleveurs arabes par rapport aux cultivateurs sédentaires.

En partie saisonnière aussi, mais pratiquée par certains tout au long des mois, une autre activité s'est mise en place depuis une quinzaine d'années : la pêche systématique du lac Iro. Auparavant, ce vaste réservoir de poissons et d'hippopotames était pratiquement inexploité : les eaux du Salamat, de la rivière d'Iro ou de l'affluent temporaire Wàà suffisaient au ravitaillement local, sans présenter les dangers de la navigation en pirogue sur un lac où les tempêtes et les hippopotames sont capables de sévir inopinément. Maintenant, le poisson du lac Iro est exploité pour sa valeur marchande par des allochtones, en grande majorité "bornou" et kotoko[1]. Le mot "bornou" est mis entre guillemets, car, dans la région, sa signification est aussi générale et peu précise que celle d'"arabe". Ces Bornou sont des pêcheurs professionnels ou des commerçants, parlant entre eux le kanouri ou un langage apparenté. Ils sont établis au sud-ouest du lac Tchad, en territoire nigerian, camerounais et tchadien. Ceux qui ont été tentés par le profit de la pêche au lac Iro se disent tous tchadiens, et c'est d'autant plus compréhensible que, pour un ressortissant de nationalité tchadienne, le permis de pêche annuel est concédé moyennant 12.500 francs CFA, alors qu'il en coûte 75.000 à des étrangers. Dans ces conditions, on peut supposer que les Bornou présents autour d'Iro ne sont pas tous originaires de Ngama ou de Massenya, mais qu'un certain nombre en provenance du Cameroun ou du Nigeria se sont arrangés pour acquérir de fraîche date une carte d'identité

[1] Signalons que fut créée en 1962 une coopérative des pêcheurs du Moyen-Chari et du Salamat dans le but de contrecarrer l'action de commerçants musulmans bornouans, arabes et haoussa déjà présents dans cette zone (Ph. Couty et P. Duran, *Le commerce du poisson au Tchad*, ORSTOM, Mémoire n° 23, Paris, 1968, 252 p. [N.D.L.R.]

tchadienne (leur revenant moins cher que le permis de pêche "étranger").

L'agent des Eaux et Forêts responsable du lieu nous a dit avoir délivré, en tout et pour tout, 68 permis de pêche "tchadiens" pour l'année 1991. Hormis cinq Goula Iro et un Ngambaye, ces permis ont été délivrés à des chefs de famille bornou et kotoko ; leur montant total représente 850.000 francs CFA, soit une somme comparable à celle des impôts perçus, cette même année, à Boum Kabir[1].

Durant les mois de février et mars, un homme du village, Michel Tagui, a prospecté le pourtour entier du lac, et contacté ainsi quelque 200 pêcheurs. Beaucoup d'entre eux travaillent sur le mode du *kissim,* c'est-à-dire d'une sorte de métayage selon lequel l'équipement leur est fourni contre reversement par eux de la moitié du poisson pêché. Les fournisseurs sont des "patrons" bornou, commerçants importants établis à Kyabé ou à Sarh ; ceux-ci tiennent sous leur coupe nombre de pêcheurs qui, en pratique, demeurent longtemps sinon toujours en dette à leur égard. On peut, semble-t-il, distinguer deux types de *kissim* : ou bien le produit de la pêche est partagé par moitié jusqu'au moment où se trouve complètement remboursé le prix du matériel (filets, hameçons...), ou bien il n'est pas question de rembourser l'équipement (lequel sera renouvelé au fur et à mesure de l'usure et des avaries), mais alors le produit de la pêche fera continuellement l'objet d'un partage. Dans l'un et l'autre cas, le "patron" enlève lui-même ou fait enlever sur place, par camion, les caisses de poisson fumé, et, s'il n'est pas content du travail de son client, il reprend purement et simplement son matériel.

Au bord du lac, près des agglomérations existantes ou bien dans des nouveaux hameaux, se sont installées de véritables pêcheries dont la présence et le fonctionnement soulèvent deux ordres de problèmes.

Pratiquée de manière intensive, comme c'est maintenant le cas, pareille exploitation-cueillette des eaux du lac pourra-t-elle longtemps se poursuivre ? J'ai posé cette question à un commerçant bornou de Sarh, en lui demandant s'il ne craignait

---

[1] Dans ce village, l'impôt capital payé annuellement par toute personne adulte et valide est de 1.000 francs CFA.

pas que d'ici quelques années les poissons d'Iro se raréfient, étant donné le nombre très important de pêcheurs. Il m'a répondu que c'était l'affaire d'Allah, et je veux bien le croire, mais, selon moi, il serait urgent de s'assurer que l'action des hommes ne contrecarre pas celle d'Allah, autrement dit, de savoir si la grande étendue des zones annuellement inondées pendant cinq ou six mois peut désormais suffire à assurer une reproduction normale de la faune aquatique.

Dans l'état actuel des choses, ce ne sont pas les autochtones qui profitent des ressources de la pêche, mais d'abord les commerçants ou transitaires bornou de Kyabé, Roro ou Sarh, et ensuite les pêcheurs bornou et kotoko installés autour du lac. Les Goula Iro n'arrivent qu'en troisième position, transformés en main-d'œuvre subalterne, mal payée[1], congédiable à volonté, à la merci de leurs patrons bornou dont - ainsi que le disait l'un d'entre eux - ils sont devenus comme les esclaves.

Face aux défis économiques nouveaux, la population locale n'a pas encore trouvé les moyens de s'organiser en conséquence. Des essais de "groupement" d'agriculteurs ou de pêcheurs n'ont pas duré. Depuis trois ans, une réalisation apparemment plus solide est celle d'un "grenier collectif", où les sacs de grain déposés au temps de la récolte sont conservés en lieu sûr jusqu'à la période de soudure. Mais, à cause des mauvaises pluies de 1990, ce grenier ne contenait que 56 sacs en mars 1991. On m'a parlé, à N'Djaména, d'un projet UICN[2] en cours d'élaboration, projet qui aboutirait au classement de la région d'Iro comme "zone humide d'importance internationale" Si ce projet prend corps, on peut souhaiter qu'il envisage non seulement la protection de la nature, mais au moins autant les intérêts socio-économiques de la population native établie dans cette zone.

---

1 Entre 1.500 et 3.000 francs CFA par mois.

2 "Union Internationale pour la Conservation de la Nature". - Depuis deux ans, la Communauté Économique Européenne a pris en charge, par son dixième F.E.D., la réhabilitation du Parc National de Zakouma, dont la faune avait été très endommagée par les armes des militaires. Suite à un vaste remaniement en cours, il se pourrait que le lac Iro cesse prochainement d'être inclus dans la ceinture de "réserve de faune" entourant le dit parc.

5. La situation politique

Devenu chef-lieu de "canton" en 1940, puis aussi de "Poste Administratif" depuis 1977, Boum Kabir a subi les tristes conséquences de l'instabilité politique et des troubles qui ont ébranlé la République du Tchad durant les vingt-cinq dernières années. Un certain nombre de morts violentes ont eu lieu au village entre 1969 et 1987 Au temps du président Tombalbaye, une action des "rebelles" du FROLINAT consistait, dans le sud, à dissuader les populations de planter le coton, culture au contraire préconisée par le gouvernement en place. A cette époque, le chef du village de Boum Kabir, qui entendait passer outre à cette intimidation, fut tué d'une flèche dans son champ. Le meurtrier était un des jeunes villageois qui avaient rejoint les "rebelles" dans le maquis. L'un de ceux-ci fait aujourd'hui fonction de chef de village, mais aucune intronisation rituelle n'a entériné son avènement, plus ou moins considéré par les siens comme celui d'un usurpateur.

Au reste, le "maquis" des jeunes Goula Iro ralliés aux rebelles de la I^e^ armée fut très vite réduit par des militaires envoyés sur place. Depuis les années 70, le village héberge une garnison (cf. ci-dessus, note 2 p. 82) qui, destinée à assurer la sécurité du pays, s'est néanmoins signalée par un certain nombre de méfaits locaux dont cette petite société garde silencieusement la mémoire.

Avec la présence d'une garnison de militaires, d'une brigade de gendarmerie, et d'agents des eaux et forêts, le chef de Poste Administratif dispose de moyens de commandement et de surveillance totalement nouveaux par rapport à l'état de choses qui prévalait en 1960. Les responsables coutumiers de la terre, ainsi que le chef de village n'exercent plus qu'un rôle devenu second[1].

---

[1] L'autorité, moins traditionnelle, du "chef de canton" se trouve elle-même passablement atténuée, du fait que le territoire du "poste administratif du lac Iro" est purement est simplement coextensif à celui du "canton du lac Iro".

6. Les valeurs maintenues

Le domaine de l'éthique étend ses propres dimensions sur toutes celles que nous avons déjà évoquées. Pour analyser les changements ou les bouleversements qui l'ont atteint, il faudrait suivre, par exemple, l'intervention d'allochtones, - en particulier celle des militaires -, dans le système matrimonial régi par la tradition Il faudrait revenir sur ce qui a été dit de l'école comme facteur d'exode de la jeunesse, et mentionner d'autres facteurs d'émigration (temporaire ou de longue durée), tels que l'occurrence d'une mauvaise saison des pluies, la honte d'une femme délaissée par un militaire, le sentiment d'impuissance économique... Il faudrait surtout, peut-être, apprécier dans le détail l'impact actuel de l'argent : il y a une trentaine d'années, la vie quotidienne d'une famille villageoise pouvait encore se passer de francs CFA. Désormais, il en va de moins en moins ainsi. Or, comment se procurer de l'argent sans quitter le village, sans essayer d'aller vendre ailleurs sa force de travail, sans renoncer, par conséquent, à la "parole" de jadis qui prenait assise dans cette terre ?

De fait, la religion de cette parole s'est elle-même modifiée. En 1960 existait une petite communauté protestante, fondée deux ans plus tôt par un évangéliste sara relevant de la *Baptist mid-mission* de Donio (près de Kyabé) ; à pareille époque, seule une poignée d'hommes s'acquittaient régulièrement de la prière musulmane et du jeûne de ramadan. Avec le temple baptiste, coexistent maintenant une église catholique et une mosquée près de laquelle ronronne quotidiennement une petite école coranique. Le village comprend donc aujourd'hui quatre communautés : traditionnelle, islamique, protestante, catholique. Dans quelle mesure et à quels niveaux socio-culturels se sont alors instaurés des clivages par rapport à l'unanimité ou à l'homogénéité jadis manifeste ? Il s'agit là d'une grave question.

Je me souviens d'un livre émouvant de Colin Turnbull : *The lonely African*. Aujourd'hui, les Goula Iro de Boum Kabir m'apparaissent comme les habitants d'un village "esseulé". Physiquement, leur site, plus peuplé qu'autrefois, n'est guère moins enclavé qu'auparavant. Socialement, il héberge de nouveaux hôtes : pêcheurs, éleveurs, militaires, commerçants arabophones qui, à des degrés divers et selon des modalités bien différentes, profitent de ressources que ne savent ou ne peuvent exploiter à leur bénéfice les habitants autochtones, sans doute désorientés par des innovations dont ils se trouvent pratiquement exclus.

Cependant, à la suite des tragiques années de sécheresses et de troubles qu'il a connues, le village aurait pu simplement se dissoudre. Or, tel n'a pas été le cas. Souhaitons donc à sa population d'origine qu'elle reçoive, dans les années à venir, les encouragements et appuis suffisants, auprès d'instances capables de l'aider à redéfinir solidairement la maîtrise de son espace, c'est-à-dire le maintien de son identité villageoise.

SATURATION FONCIÈRE ET NOUVELLES FORMES DE COMPÉTITION SOCIALE EN PAYS HAUSA (NIGER, RÉGION DE MARADI ET ADER).

Anne Luxereau
APSONAT, CNRS-MNHN

Dans la partie centrale du sud Niger, jusqu'aux années 1970 et même 1980 dans certaines zones peu peuplées comme le sud du département de Maradi, la terre n'avait pas de valeur marchande. Elle était un moyen de produire plus qu'un bien, ce qui ne veut nullement dire que les règles d'accès et de tenure n'existaient pas. Aujourd'hui l'agrandissement des surfaces cultivées aboutit dans bien des endroits à un blocage foncier, accentué par la dégradation des sols arables. La terre se vend, se loue, se met en gage, est soumise à un effet de rente foncière. Les règles anciennes relativement souples se sont rigidifiées et donnent lieu à de nombreux conflits (Lund 1993). La compétition porte non seulement sur les terres traditionnellement exploitées mais aussi sur des espaces naguère peu cultivés. Des inégalités nouvelles sont apparues, liées à la superficie, à la qualité des sols et à la possibilité de conserver leur fertilité.

L'ÉVOLUTION DES RÈGLES D'ACCÈS À LA TERRE

Dans le système de pensée pré-islamique *asna*, la terre était sous une double maîtrise : celle, religieuse, des *iskoki*, divinités invisibles mais concrètes et toutes puissantes, et celle, politique, du *sarki*, chef de chaque ancien État Hausa. On ne pouvait établir un village ou des champs qu'avec l'aval de ces deux puissances. Pratiquement, pour essarter les agriculteurs recherchaient un lieu qui soit libre - appartenant à la catégorie "brousse", sans ayant-droit ou *mai-shi* - et dont la végétation prouve la "force".

Puis ils requéraient l'accord du chef de village, offraient un premier sacrifice et défrichaient. Le village a encore la réalité d'une construction foncière : contrairement à d'autres régions où la maîtrise de la terre est l'apanage d'une catégorie sociale, ici, faire partie d'un village ouvre à chaque groupe familial un droit d'essartage sur les terres non défrichées, reconnues comme faisant partie du finage (*karkara*). Ces réserves foncières, lorsqu'elle existent encore, sont des biens communs utilisés pour la pâture, la cueillette et la chasse mais elles peuvent être transférées du collectif à des familles. Cette maîtrise différenciée sur l'espace était - est encore de manière relictuelle - validée chaque année par des sacrifices effectués au niveau des trois unités d'organisation de la société que sont le segment de lignage, le village et les anciens États, ainsi que par des dons (ou redevances) de gerbes de céréales des paysans à la chefferie[1].

L'usage de ces champs essartés est acquis selon le "droit de la hache" ou, dans la région de Dosso, le "droit du feu" et "de la houe" (Sanda 1992 : 31-33). Ils constituent le patrimoine foncier de chaque groupe résidentiel de parenté patrilinéaire ou *gida*, géré par son responsable. Celui-ci a toujours pu en disposer pour transférer ses droits à d'autres en cadeau (*kauta*), en prêt (*aro*) ou les abandonner. Quelques femmes ont pu accéder assez tôt par ce biais à l'usage exclusif de parcelles données par leur mari et qui, la plupart du temps, correspondaient à celles qui leur étaient attribuées temporairement pour des cultures personnelles.

Ces droits de premier défricheur, sont aussi fondés sur le travail et la pérennité de l'usage. Ils peuvent en effet se perdre et d'abord par abandon pur et simple. Dans la première moitié du siècle de nombreux villages se sont déplacés et leurs finages sont redevenus de la "brousse" accessible à d'autres défricheurs. Dans les cas d'implantation fixe, ils peuvent éga-

[1]- Ces sacrifices n'ont pas complètement disparu mais leur légitimité et fortement contrecarrée par la forte islamisation populaire. Les redevances en nature continuent en partie à être versées. Raynaut (1988 : 93) rapporte ainsi que 62 % des villageois de Sankomi (département de Maradi) ont fait don d'une gerbe de céréales au chef de village en 1984, année pourtant désastreuse. Dans l'Ader, les villageois de Dossey versaient 1/10° des récoltes de leurs champs situés dans le finage de Tsauna au chef de ce village jusqu'en 1990. Puis ils ont refusé car, en fonction des nouvelles législations, "les terres appartiennent à l'Etat".

lement se perdre, soit que le village s'étende sur des champs qui lui sont contigus[1], soit que la terre non travaillée retombe dans cette catégorie de "brousse" villageoise. En outre, les droits sur la terre ne correspondent pas exactement aux droits sur les végétaux qu'elle porte (Luxereau, 1994). En particulier la vaine pâture après la récolte les ouvre au troupeau villageois ainsi qu'aux transhumants selon des accords particuliers. Les administrateurs coloniaux se sont efforcés de faire préciser ces droits en tâchant de faire coïncider cette maîtrise privée mais liée à l'utilisation, avec les notions de propriété et d'usage. La règle souvent énoncée reposait sur l'aspect du couvert ligneux des parcelles en jachère : lorsqu'il redevenait touffu (en particulier avec des *Annona senegalensis* au tronc plus gros qu'un bras), ces terres étaient considérées comme abandonnées et redevenaient libres d'accès[2].

Dans les faits, ces règles sont diversifiées selon les régions et, dans la plupart des cas, seule la mémoire fait foi : tant que le chef et les vieux du village mémorisent les noms des ayants droit (essarteurs et descendants), tant qu'ils vivent au village et participent - ou participaient - aux sacrifices collectifs, tant qu'ils s'acquittent des impôts en nature ou en argent, ces terres leur sont réservées, même si elles sont depuis longtemps en jachère. Si l'ensemble des descendants quitte le village et ne règle pas les redevances, elles redeviennent rapidement de la "brousse". Il en fut ainsi des terres abandonnées par les familles fuyant au Nigeria pour éviter le travail forcé instauré par la colonisation française ou s'expatriant après la famine de 1974 (et qui ont pu être accaparées par certains chefs de village[3]). Mais dans le sud de l'Ader où de nombreuses terres devenues arides furent

---

1 Ces empiétements ont été particulièrement dommageables dans les zones urbaines, les propriétaires étant expropriés sans dédommagement par l'accroissement de l'urbanisation. Ceux-ci ont été légalisés par le Gouvernement de la Transition Démocratique.

2 Dans le *Coutumier Haoussa de Zinder, ou préceptes coutumiers, cercle de Zinder* (1936), l'acquisition de droits sur un champ abandonné est donnée comme possible : "sauf si le premier occupant est absent; si le premier occupant laisse faire, étant présent ; au bout de 7 ans entre non-parents ; au bout de 40 ans entre parents".

3-Certains chefs ont acquitté les impôts des émigrés, à leur place, et estimé de ce fait, avoir la disposition des terres. Cette représentation de l'accès à la terre continue à être basée sur l'appartenance au village, matérialisée par le paiement de l'impôt, et non sur la valeur vénale des champs.

inutilisées, les droits sont considérés comme toujours acquis. Les nouvelles attributions réalisées par les autorités administratives après des actions de remise en valeur, sont estimées être des spoliations.

Ce patrimoine fait partie de "l'héritage" (*gado*) de chaque *gida* et peut donc varier d'une génération à l'autre. Au décès du responsable, les champs et les jachères sont partagés entre ses fils s'ils décident de rompre l'indivision, les filles ayant été exclues de la possession de la terre jusqu'à l'introduction du droit coranique. Cette formulation donne pourtant lieu à des interprétations diverses selon les régions et à des conflits nombreux entre héritiers, tranchés le plus souvent par les chefs de villages ou de canton. Aujourd'hui les partages sont présentés comme égalitaires mais il n'en a pas toujours été ainsi, en particulier dans une situation où les réserves foncières abondaient. Les champs ont pu être partagés de manière équitable, c'est-à-dire en fonction de la taille des familles des héritiers, ce qui a désavantagé les jeunes frères ayant moins de personnes à charge que leurs aînés (Garin Magaji). Ils peuvent faire l'objet de choix successifs de la part des fils, classés selon leur âge et selon le rang de leur mère : d'abord les fils de la première épouse, puis ceux des autres (Dossey). Dans de nombreux cas, un père peut, de son vivant, attribuer une parcelle en propre à l'un de ses enfants : "*en fonction de son courage ou de sa paresse, il voit celui qui est le plus capable et lui donne la meilleure parcelle*" (Dossey). Enfin ces règles de partage ne sont pas toujours mises en application lorsque la pression foncière est légère : à Tofa (au sud de Maradi), les champs de l'ancien chef ont bien été partagés de manière égalitaire entre ses enfants (avec attribution aux filles) mais pas les zones de pâture ou de jachère éloignées du village ; chaque fils peut encore y essarter un champ pour son propre compte.

Le droit coranique, mis en œuvre depuis 10 ou 20 ans selon les régions et les villages, a valorisé la notion de partage égalitaire et introduit la médiation des juges coraniques dans la résolution des conflits. Il a également ouvert l'héritage de la terre aux filles[1] qui reçoivent la moitié de la part des garçons, leur tour de choix

---

1- Les veuves ayant des enfants en bas-âge, ont toujours pu conserver les terres, au nom de ces enfants.

venant après tous les frères. Selon les cultures locales, ce droit des femmes se réalise également de manière très différenciée. Dans de nombreux villages elles demeurent exclues de la possession des terres de bas-fonds (Baramaka) ; dans d'autres elles le sont des terres éloignées du village (Tofa) ou au contraire de celles de la première auréole de champs (Garin Magaji). Par ailleurs, la propriété d'un champ n'équivaut pas toujours à la possibilité de l'exploiter. Alors qu'à Maradi le mariage ouvre le droit d'exercer une activité agricole personnelle, dans de nombreux villages de l'Ader au contraire, seules les jeunes filles vont aux champs (Dagerawa). Partout, les filles qui vont se marier en dehors de leur village de naissance perdent, dans les faits, l'usage de leur fonds ainsi que celles qui ont réalisé un "mariage cloîtré" et qui ne sortent guère de l'enclos. Ces femmes laissent alors souvent la disposition de leurs champs hérités à leurs frères mais peuvent aussi les donner à leurs fils, les vendre ou les faire cultiver par des manoeuvres.

Le droit moderne, en partie issu du droit colonial, stipule que la terre appartient à l'État mais qu'un droit inaliénable revient à celui qui la met en valeur depuis 10 années consécutives. Il est peu ou pas appliqué. Les travaux préparatoires à l'établissement du Code Rural ont pourtant souvent entraîné un raidissement des pratiques : certains propriétaires absentéistes ont ainsi fait grossièrement emblaver leurs champs, preuve d'une continuité de la mise en valeur. Nous avons vu aussi revendiquer ce droit par des fonctionnaires travaillant des parcelles prêtées, qui espéraient ainsi pouvoir accéder à leur entière propriété.

On est donc passé d'une maîtrise du sol légère et liée à l'usage à une appropriation. Dans le même temps, les anciens liens religieux et politiques qui légitimaient cette maîtrise se sont affaiblis. Les possibilités de mobilité, pour les villages ou les *gida*, sont fortement réduites voire quasi nulles faute de réserves foncières. L'agriculture est devenue véritablement sédentaire et la terre un objet désacralisé et convoité. D'une manière générale les contestations d'appropriation sont nombreuses. Dans certains villages, les transactions, naguère passées oralement devant le chef du village, donnent désormais lieu à leur enregistrement dans un cahier, afin de tenter de pérenniser la preuve.

Les conflits sont encore plus nombreux et souvent plus violents entre éleveurs et paysans sédentaires. Les grands couloirs de circulation du bétail (souvent balisés par des arbres pendant la période coloniale) et les zones réservées à la pâture sont peu à peu colonisés par les agriculteurs, rétrécis, morcelés et de ce fait surpâturés. L'essartage et la mise en culture réfèrent à l'ancien droit "de la hache" et prouvent matériellement un usage alors que le pâturage ne génère pas de marques aussi tangibles et permanentes d'occupation de l'espace. En outre, les anciens accords de vaine pâture sur les champs après la récolte deviennent souvent sans objet, les agriculteurs engrangeant de plus en plus fréquemment l'ensemble des sous-produit des récoltes pour nourrir des animaux sédentaires en nette augmentation. Mais des accords nouveaux peuvent également être réalisés, comme à Dossey où toute une zone de brousse (ayant la réputation d'être dangereuse) a été attribuée aux éleveurs nomades ; ou encore dans le Goulbi-n-Kaba où d'anciennes pâtures mises en culture ont été réattribuées à l'élevage. Ce type d'accord peut être réalisé au niveau des familles et non plus des chefferies ou de l'administration : à Dossey encore, certains chefs de famille prêtent des terres de glacis qui s'indurent facilement lorsqu'elles ne sont pas travaillées, à des Tuareg qui les cultivent, les deux parties semblant y trouver leur compte.

Un blocage récent du foncier

Tant que la terre a été abondante, son appropriation n'a guère constitué un objectif prioritaire. Les surfaces cultivées par chaque *gida* ont pu varier en fonction de sa taille, de la santé de ses membres, de projets ponctuels (nomination au titre de "maître de culture", mariage...) et de certaines obligations comme l'essartage des "champs de l'impôt" colonial. Ainsi que l'explique le chef de Dagerawa, lorsque le village s'est créé (après une migration à partir de la région déjà surpeuplée de Bouza, vers 1915-1920) "*tout le monde a pu avoir ce qu'il voulait, à sa suffisance. Avant, tu ne pouvais même pas cultiver toute ta terre*". La croissance démographique s'est d'abord traduite par une extension des finages par grignotages successifs des zones de brousse intermédiaires entre les villages. Le pouvoir des chefs de villages, aussi bien politique qu'économique, se mesure en premier lieu au nombre des familles contrôlées. Ils n'est par ailleurs pas suffisant pour s'opposer à de nouvelles implantations tant qu'ont existé - ou existent encore - des surfaces non appropriées.

Dans ce mouvement de colonisation de l'espace, mis en place dès le début du siècle à partir des villages et des villes concentrant la population (Spittler, 1977), les caractères pédologiques ont agi de manière attractive ou répulsive. Les sols sableux profonds qui étaient les plus faciles à travailler à la houe, les plus productifs dans ces conditions techniques, enfin ceux où le fonçage des puits était aisé, ont été les premiers occupés mais aussi les premiers saturés. Ces hétérogénéités d'occupation de l'espace sont très sensibles en Ader où les surfaces peu ou pas cultivables correspondant à l'affleurement du socle, sont importantes[1]. Mais elles le sont également à Maradi où l'erg ancien sableux recouvre de beaucoup plus grandes surfaces : le sud et l'est, avec des terres dures, ont conservé jusqu'à ces toutes dernières années de larges pans de brousse non appropriée ; près de Tofa par exemple, l'hectare de terre dunaire se vend aujourd'hui entre 7 et 10.000 F CFA alors qu'il peut dépasser 40.000 à 60.000 F CFA au centre du département et 100.000 F aux portes de Maradi.

C'est dire qu'un privilège est lié à l'antériorité des installations, quant au choix des surfaces et de la qualité des terres. Il reste très net au niveau des villages et de la plupart des lignages fondateurs qui ont pu défricher sans entraves. Les derniers arrivés ont eu accès aux terres les moins prisées, souvent les plus éloignées des villages ou les plus dures à travailler. Dans la plupart des villages, la faculté d'accueillir des migrants s'est déplacée du niveau villageois à celui des chefs de familles. Ainsi à Garin Magaji, après la saturation foncière, le chef du village a longtemps prêté personnellement des champs à de nouveaux arrivants mais, depuis 4 ans, c'est un gros propriétaire qui a pris le relais, avec toute le bénéfice social qui en résulte.

1- par exemple, Tiemogo (1994 :35) indique que les terres cultivables de l'arrondissement de Keita ne représentent que 22% de la superficie totale.

C'est dire aussi que, dans cette région anciennement et très densément peuplée[1], l'agrandissement des surfaces appropriées a entraîné un blocage foncier et que toutes les parties cultivables, y compris dans de nombreux endroits les pâtures, ont été converties en champs appropriés par un *gida* ou par un individu désolidarisé de son ascendance lignagère. Pour l'ensemble du Niger, "pendant les années 80, la production céréalière totale n'a progressé que de 1,8 % alors que la population augmentait de 3,1 % par an. La légère amélioration de la production a été obtenue grâce à l'augmentation de la superficie cultivée qui est passée de 5,8 millions d'hectares en 1985/86 à 7 millions d'hectares en 1988/89 (20 %)" (*Banque Mondiale* 1992 : 1). Le tableau 1 donne une idée (sans doute sous-évaluée) de cette progression des surfaces agricoles dans les deux départements de Maradi et Tahoua : elles ont presque doublé entre 1982 et 1991, même dans le département de Tahoua, qui s'étend largement en zone sahélienne.

tableau 1. Progression des surfaces agricoles dans les départements de Maradi et de Tahoua

département	MARADI		TAHOUA	
	surface cultivée	% de la surface du département	surface cultivée	% de la surface du département
1982	1.466.150	36,87	921.955	8,66
1991	2.442.213	62,27	1.370.276	12,87

(source : Ministère de l'Agriculture et de l'Élevage 1993)

L'onde de blocage du foncier est intervenue plus ou moins tôt selon les régions, déclenchant un processus de contrôle et de capitalisation de la terre. Celle-ci n'est plus considérée comme un moyen de production mais est devenue un bien, doté d'une valeur vénale. Des ventes de champs avaient déjà eu lieu avant la sécheresse de 1973-74 mais de manière sporadique et surtout dans certains terroirs particulièrement convoités, comme les jardins du bas-Maradi. Alors que dans les parties

[1]- Les densités de population résidante estimés en 1988 varient entre 80,7 % à Madaroumfa (Maradi) et 30 % à Keita (Tahoua). cf. *2ème Recensement général de la population 1988.*

encore libres, le "droit de la hache" était toujours admis (jusqu'en 1986-87 à Tofa), dans les terroirs saturés la terre entrait sur le marché et sa valeur, même faible, était déjà codifiée (2 à 3.000 F l'hectare, *'eka*, dans la région de Garin Magaji[1]).

Dans le même temps, avec la sédentarisation complète de l'agriculture, la réduction des surfaces et du temps des jachères, avec enfin les sécheresses, les préoccupations de conservation des sols et de leur qualité ont changé de nature. Les anciennes pratiques anti-érosives ou de reconstitution de la fertilité ont toujours existé mais la plus sûre était de défricher ailleurs : entre 1945 et 1970, les villageois de Garin Magaji ont ainsi effectué trois grands essarts sur leur finage actuel. Aujourd'hui ces "mises en repos" des terres "fatiguées" ou "vieillies" ne peuvent plus être opérées par quartiers ou portions de terroir mais par parcelles ou portions de parcelles, selon les disponibilités de chacun. Même dans des régions peu touchées par la désertification comme celles de l'erg de Maradi, les paysans établissent un constat peu optimiste : "*il n'y a plus de brousse, les gens sont devenus nombreux, la terre a vieilli, les pluies ont diminué. Si tu veux récolter quelque chose, il faut de l'engrais*". Dans le nord de l'Ader Doutchi où les contraintes mésologiques sont notablement plus fortes, Gathelier et Gioda notent que les surfaces autrefois facilement cultivables ont diminué du fait de l'érosion hydrique et éolienne (1986 : 5-6). L'augmentation des surfaces agricoles n'a pu se faire que par la mise en culture de zones marginales autrefois délaissées comme les bas-fonds et les dunes vives dont le nombre augmente depuis les derniers épisodes secs.

Ces changements aussi bien sociaux qu'écologiques ont été particulièrement rapides et cumulatifs. Ils se sont déroulés toujours sur un laps de temps d'une ou deux générations. Si les représentations de la terre et le droit ont évolué, les systèmes techniques sont demeurés largement extensifs mais mis en œuvre sur des surfaces devenues exiguës. Les paysans doivent affronter deux phénomènes radicalement nouveaux : la pénurie de terre et l'accélération de sa dégradation.

1- Dans le même temps, sans doute avec la vulgarisation de nouvelles techniques agricoles, cette nouvelle unité de surface apparaissait.

L'avantage acquis par l'antériorité des installations est encore sensible au niveau des villages comme des lignages. Mais il est en partie remis en cause par la morcellisation des patrimoines et des familles, par le transfert des terres, par l'évolution des techniques et des productions ainsi que par les dynamiques d'évolution des sols. Un fort mouvement de changement social en est résulté, qui a en partie renversé les anciennes hiérarchies. Il a, en revanche, alimenté une âpre compétition s'exerçant entre individus et non plus entre lignages ou entre familles.

En agriculture extensive, avec des processus de restitution faibles, la récolte est d'abord fonction de la pluviosité mais aussi de la superficie et de la qualité des terres. Ces caractères introduisent des inégalités entre les villages selon qu'ils sont exposés à des contraintes climatiques et édaphiques plus ou moins sévères, et selon qu'il existe encore des réserves foncières de bonne qualité, permettant de pérenniser la pratique de la jachère. Chaque situation villageoise imbrique en effet des caractères écologiques locaux voire micro-locaux et des histoires de peuplement. P.Y. Le Gal (1986) a montré que dans le sud du département de Maradi, certains villages ont bien encore des zones de "brousse" mais sur sols compacts, alors que les sols sableux du finage, propices à la céréaliculture sont très utilisés. Il en va souvent de même dans l'Ader où les superficies pouvant être mises en culture, dans les conditions techniques actuelles, sont encore moindres.

A l'échelle des villages, l'inégalité des fonds tend à devenir de plus en plus importante. Parmi les paysans (*talakawa*) il y a toujours eu des gros et des petits possédants, "les enfants" comme dit un chef de village. Mais une "volonté" (*niya*) d'agrandissement, servie par des qualités naguère très valorisées, de "force" (*'karfe*) et de "courage au labeur" (*'kokari*) pouvaient renverser les situations. Aujourd'hui les essarts sont généralement impossibles et les agrandissements de surface se font majoritairement par le biais de transactions monétarisées. Il faut désormais disposer d'argent.

Le tableau 2 donne une idée de ces inégalités, dans le village de Dossey (département de Konni). Les situations des chefs de famille y ont été appréciées en terme de quantité de semences de céréales que chacun estime pouvoir semer sur ses champs et qui sont donc fonction de la superficie et de la qualité des terres[1].

Tableau 2 : Surfaces cultivées par exploitation, dans le village de Dossey (Ader Doutchi)

classes	1	2	3	4	5	6	7	8	9	10
nombre d'exploitations	5	10	18	7	13	11	2	5	3	7
% total	5	12,5	22,5	8,75	16,2	13,7	2,5	6,25	3,75	8,75
nombre d'adultes/ famille	2,5	3,4	2,9	2,7	6,3	6,4	4	6,4	7,6	8,4

(*source : questionnaire auprès d'un échantillon de 80 chefs d'exploitation.*)

La moitié des exploitations de cet échantillon se concentre dans les classes 1 à 4, correspondant à une capacité au plus égale à 20 mesures de semences. En revanche 1/8 des chefs

1- Les enquêtes par questionnaire supposent que l'on fasse entièrement confiance aussi bien à l'enquêteur qu'aux réponses apportées par les enquêtés, en sachant pourtant qu'elles sont approximatives. Pour apprécier les possibilités de chacun nous avons retenu comme pertinente, la quantité de céréales semées par chaque chef de famille. Cette quantité estimées en mesures locales, grands bols émaillés appelés *tiya* dont la contenance est estimée approximativement à 2,5 kg. Elle varie selon la superficie et la nature des sols. Pour nuancer cette première analyse, il serait souhaitable de différencier les semences de mil et celles de sorgho et de prendre en compte la situation économique globale de chaque famille : production agricole des épouses et des enfants, exodes des jeunes hommes dépendants. Si les revenus des épouses et des enfants mariés sont par principe personnels, ils interviennent comme compléments lors des pénuries. J'en produis cependant les résultats dans la mesure où ils donnent des indications qui ne contredisent pas l'enquête anthropologique classique par entretiens et examen de cas plus précis.

d'exploitation (classes 9 et 10) peut en semer au moins le double[1]. Deux classes se distinguent nettement de l'ensemble.

Les plus petits exploitants qui représentent pourtant 5 % de l'échantillon, sèment moins de 5 mesures de céréales sur un fonds fort exigu. Ils ne sont pas particulièrement jeunes (moyenne d'âge 45,7 ans) et leur situation apparaît des plus précaires avec en moyenne 2,5 adultes à nourrir par famille. Qu'ils soient nés pauvres ou qu'ils le soient devenus, ces paysans ont peu d'avenir agricole et sont souvent dans une position de dépendance vis à vis de la parenté ou de riches. "Parmi les hommes aussi, il y a des *balbela*", ces hérons garde-bœufs qui grappillent les insectes levés par le passage des troupeaux !

A l'autre extrême, les mieux nantis représentent 8,75 % de l'échantillon. Ils sèment de 45 à 93 mesures de céréales et, malgré la grande taille de leurs familles, dépassent l'autosuffisance.

La classe 5 (correspondant à 21-25 mesures de semences) semble introduire une rupture que nous retrouverons au niveau des stratégies agricoles : c'est à partir d'elle que les familles élargies deviennent nombreuses. Cette corrélation entre l'aisance foncière et la taille des familles existe également à Maradi ; elle ramène la production par personne à des valeurs moins fortement inégales.

Ces inégalités foncières se font également sentir dans les rares terroirs de bas-fonds qui permettent la réalisation d'une seconde campagne agricole, en saison sèche. Dans cet échantillon, 45 % des exploitants n'y ont pas accès. On doit noter que l'accès à ces terres croît avec l'importance de l'héritage, ce qui a pour effet de rendre les inégalités cumulatives.

LES STRATÉGIES AGRICOLES D'ENRICHISSEMENT

A partir d'héritages fonciers fortement inégalitaires, les situations des chefs d'exploitation se sont diversifiées, donnant naissance à des processus de différenciation sociale nouveaux.

---

[1] C. Raynaut (1988) avait décrit des situations analogues pour la région de Maradi.

On peut penser que ce phénomène s'est amplifié depuis la généralisation des ventes de terres, à partir de la sécheresse de 1973-75. Les stratégies des chefs de famille ne portent pas exclusivement sur l'agriculture et l'élevage mais certains d'entre eux ont mis en œuvre un projet durable de capitalisation des parcelles et d'intensification des cultures destinées à la commercialisation. Il y a là une double rupture des pratiques.

Avant cette sécheresse, le modèle d'enrichissement par le commerce ou les emplois administratifs, incarné par les riches *Alhazai* urbains (Grégoire 1986), avait contribué à une dépréciation de l'agriculture et de la ruralité. Mais la crise économique et les difficultés d'approvisionnement font généralement dire aujourd'hui "qu'il vaut mieux garder le mil que l'argent ; la nourriture vient en premier". Par ailleurs, la possibilité de s'enrichir à partir d'une agriculture intensive sur des terres de bonne qualité et de la vente de produits agricoles, est une donnée nouvelle mais aussi largement partagée. L'agriculture est à nouveau considérée comme "le maître-tronc" ou "la souche" (*gindi*) de la richesse (*arziki*), cette richesse étant tout à la fois sociale et économique.

Les acheteurs réussissant à capitaliser à moyen terme des terres sont relativement peu nombreux mais existent dans pratiquement chaque village. Ils mettent en avant la préoccupation d'assurer matériellement leur avenir et celui de leurs enfants après le partage de l'héritage. A côté de ce comportement sécuritaire, ils sont aussi engagés dans une compétition interindividuelle qui s'exerce entre la ville et la campagne ainsi qu'au sein des villages. Naguère, la progression sociale s'articulait sur l'ampleur des récoltes de mil, résultat du travail collectif des membres d'un grand *gida* et témoignant du savoir-faire symbolique et technique de son chef. Aujourd'hui les gros greniers contribuent toujours au prestige de leurs propriétaires. Mais ces grandes récoltes sont obtenues grâce au travail de salariés agricoles, ce qui est perçu comme une dépense ostentatoire : "ils ne gagnent rien, c'est pour montrer leurs richesses". En outre, en venant en aide régulièrement à tout un réseau de clients et d'obligés, comme le faisaient naguère la chefferie en période de pénurie, ils jouent sur cet ancien modèle et sur celui, plus nouveau, de la solidarité islamique envers les nécessiteux. La plupart des *Alhazai* urbains qui ont bâti leur fortune sur le commerce, sont devenus aussi de gros producteurs agricoles.

L'histoire des transferts de propriété, dans le village de Garin Magaji (Maradi), permet de différencier deux époques qui correspondent à l'évolution des attitudes face à ce processus de blocage foncier. Dans un premier temps, les transactions sont largement distribuées entre les chefs de *gida*, en fonction de difficultés ou de disponibilités financières conjoncturelles. La plupart des ventes sont effectuées à l'intérieur du lignage (de préférence aux frères de "même mère") ou entre "amis" à l'intérieur du village. Elles correspondent plus à des processus d'entraide pourtant gagés sur des champs, qu'à une volonté affirmée de contrôle foncier. Puis deux ou trois acheteurs prioritaires émergent, surtout à partir de la sécheresse de 1974. El Hadji J. a ainsi acheté 5 champs cette année là, à un prix variant entre 2 et 3.500 F CFA l'hectare. Ce phénomène est légèrement plus ancien à la périphérie des villes où la compétition a provoqué une élévation des prix. Dans les villages plus éloignés des centres urbains comme Garin Magaji ou Dossey, la volonté de conserver la maîtrise du finage à l'intérieur du village est clairement exprimée. Grâce à une épargne monétaire suffisante, provenant souvent du commerce, ces acheteurs villageois deviennent progressivement de gros propriétaires et les acheteurs prioritaires. Ce faisant, ils se trouvent en position de pouvoir prêter des parcelles, rôle naguère détenu par les chefs de village et des plus anciens lignages.

Les terres sortent alors du cercle de la parenté ou des réseaux d'amitié mais peu, ici, du village. A contrario, quelques paysans sans terre cultivent des champs prêtés ou loués grâce aux solidarités toujours actives. Dans le même temps, les transactions deviennent moins nombreuses et portent surtout sur la partie excentrée du finage, le contrôle sur la terre étant devenu un objectif largement partagé. Elles existent pourtant, à l'initiative de ceux qui émigrent définitivement et qui privilégient la vente, à prix réduit, à l'intérieur du lignage. Elles sont aussi le fait de chefs de familles tout juste autosuffisants, confrontés à des besoins urgents de trésorerie dont l'origine est bien souvent sociale : "*si tu dois marier ton fils, alors, forcément, (*doli*) tu vas vendre (ou mettre en gage*[1])".

Naguère, les prix des terrains semblent avoir été équivalents à l'intérieur du finage. Aujourd'hui par contre, ils diffèrent selon la qualité des sols, leur état de dégradation, leur éloignement du village et leur couvert végétal permanent (présence d'arbres fruitiers par exemple). La loi du marché fait que les terres les plus rentables, notamment celles des bas-fonds, se concentrent dans les mains des plus riches. A Dossey, 13 des 80 familles de l'échantillon, sont totalement exclues des centres des différents terroirs (champs sableux, sablo-argileux ou bas-fonds). Elles appartiennent toutes au groupe des petits héritiers "à l'étroit". Cette répartition ne leur est pas favorable quand on sait que les champs les plus proches des villages sont en permanence fumés par les déchets villageois et que les centres des cuvettes argilo-sableuses concentrent les limons des eaux d'écoulement.

Ces inégalités de surface et de qualité des terres agricoles se traduisent directement au niveau des récoltes. Elles ne sont pas nouvelles mais tenaient plus, naguère, à la main d'œuvre disponible qu'au contrôle sur la terre. Pour reprendre la formule du chef de Dagerawa, dans les années 1910-20, "tout le monde avait des champs en suffisance" et le repos en jachère permettait d'en renouveler la fertilité. La "richesse en hommes" était alors un élément déterminant de la richesse tout court. Les grandes familles, les exploitations disposant de main d'œuvre servile ou d'entraide, pouvaient espérer des récoltes importantes, les surfaces emblavées étant tout à la fois grandes, fertiles et bien sarclées. Aujourd'hui à Dossey, avec des exceptions notables, les chefs d'exploitation les mieux nantis sont encore les plus âgés et chargés des plus grandes familles : sur les 15 exploitations les plus riches en terre, 11 sont composées d'un père et d'un ou plusieurs fils mariés, 3 de plusieurs frères. Ici comme à Garin Magaji, ces familles restées dans l'indivision, "riches en hommes" (*arzikim mutane*),

---

[1] Cette transaction consiste à laisser l'usage et non la propriété d'une parcelle contre un prêt d'argent, le propriétaire récupérant ses droits lors du remboursement. Dans les faits, ces mises en gages sont considérées comme un transfert de propriété, le propriétaire n'arrivant pas, la plupart du temps, à rembourser la dette.

semblent bénéficier d'un avantage qui peut favoriser le décollage économique de leurs membres. "*On peut mieux s'aider. Mais il peut arriver qu'un des garçons veuille s'en aller en pensant que tout ce qui est produit va au père. S'ils partent tous, le père ne produit pas grand chose et eux non plus ; c'est une perte*".

La dynamique actuelle, où l'accès à la terre et la conservation de la fertilité deviennent déterminants, peut remettre en cause les anciennes hiérarchies. Elle révèle également l'existence de sortes d'habitus, discrets et nuancés selon les cultures. Ainsi, dans la région de Maradi, certains chefs de villages considèrent que le commerce est indigne de leur rang et que les revenus de leur charge doivent prioritairement servir à des dépenses sociales ; généralement encore largement pourvus en terres, ils dilapident lentement leur fonds. Dans l'Ader où la vigueur au travail physique reste encore très valorisée et où la tradition de l'exode économique de saison sèche est plus ancienne qu'à Maradi, de très nombreux jeunes hommes tentent d'accumuler un petit capital en exploitant des parcelles de bas-fonds louées.

Les enquêtes quantitatives menées à Dossey permettent d'affiner l'analyse en prenant en compte l'origine des parcelles exploitées : 74,7 % d'entre elles proviennent de l'héritage[1] mais 11,6 % ont changé de propriétaire (achats 9,23 et mise en gage 2,36 %). Plus de la moitié des chefs d'exploitation, 44 sur 80, travaillent des parcelles céréalières non héritées et tous ceux qui le peuvent cherchent à acquérir des droits exclusifs par achat[2]. Les modalités de ces augmentations, prêt ou location, achat ou accès par gage, sont socialement différenciées. Les solidarités à l'intérieur du village, et principalement du lignage mais aussi entre "amis", s'exercent de manière tout à fait manifeste à l'égard des plus petits exploitants : plus de 9 % des parcelles de l'échantillon leur ont été ainsi prêtées. La redistribution des

---

[1] Ces proportions varient selon les villages (cf Van Gent et ElHadji Mohamed 1993) mais les champs hérités sont encore les plus nombreux, ce qui n'est pas forcément le cas aux abords des centres urbains.

[2] Trois autres exploitants ont augmenté leur fonds mais uniquement de parcelles de bas-fonds. Les propriétaires ont pu vendre également. Les enquêtes montrent que les déclarations des ventes sont très difficiles à obtenir, chacun mettant un point d'honneur à affirmer qu'il n'a pas dilapidé son héritage.

biens ne se limite pas aux richesses matérielles mais s'applique aussi aux moyens de production. Il est ainsi courant, à Garin Magaji, de prêter des parcelles appropriées à la culture du souchet[1] à ceux qui en sont dépourvus.

tableau 3. L'augmentation des terres céréalières et ses modalités. Village de Dossey, (Ader-Doutchi)

classes	1	2	3	4	5	6	7	8	9	10
situation d'héritage										
nombre d'exploitants	2	22	11	8	163	8	4	5	2	2
exploitants ayant augmenté leurs terres céréalières										
nombre d'exploitants	1	17	5	6	3	4	3	2	1	2
% de la classe	20	73,3	45,4	75	23	50	75	40	50	100
modalités d'augmentation de ces terres										
prêt	1	12	3	3	0	1	0	0	1	0
location	0	4	2	4	1	2	1	1	1	7
achat ou gage	0	4	3	7	3	2	2	2	0	1

(source : enquêtes de 1993, auprès d'un échantillon de 80 chefs d'exploitation.)

Encore une fois plusieurs classes se distinguent. Les petites exploitations, mises à part celles de la classe 1 qui apparaissent à la limite de la survie, mettent en œuvre une stratégie forte d'agrandissement de leur surface céréalière. La classe 5 (21 à 25 mesures de semences) est située dans une position médiane à bien des égards dans cet échantillon. C'est à partir d'elle que les familles deviennent étendues (6,3 adultes en moyenne) mais les augmentations sont parmi les plus modestes : 3 des 13 chefs d'exploitation y ont eu recours. On peut supposer qu'elle représente une classe où l'autosuffisance devient assurée. Les achats et locations reprennent ensuite, les 7 chefs d'exploitation

---

[1] Le souchet, *Cyperus esculentus*, produit de petits tubercules, largement exportés en Nigéria où ils sont utilisés pour confectionner des patisseries et des boissons.

les plus riches en terres actuellement, ont tous augmenté leur fonds.

Bien entendu l'ampleur de ces augmentations par rapport au fonds initial est aussi très différenciée : les 25 petits propriétaires des classes 1 à 3 ont procédé à de petites augmentations : 17 de 1 à 5 mesures, 7 de 6 à 10 mesures et 1 seul de plus de 10 mesures. A l'opposé, les 8 gros propriétaires (classes 7 à 10) l'on fait de manière bien plus ample : 5 de 6 à 15 mesures et 3 de plus de 30 mesures ; deux d'entre eux ont plus que doublé leurs possibilités de départ.

Ces enquêtes nous apprennent également que, bien que les terres de bas-fonds soient convoitées, les stratégies d'augmentation des fonds d'héritage ne portent pas en priorité sur elles mais sur les terres céréalières. Les chefs d'exploitation de Dossey ayant borné leurs achats à des parcelles de bas-fonds ne sont que 3 sur 80 et font tous partie des classes médianes de notre échantillon (4 à 6). Mais les propriétaires les mieux nantis ne cherchent pas à accroître cette partie de leur fonds. Les céréales demeurent, à Dossey mais également à Garin Magaji ou Tofa, la principale préoccupation des exploitants. Encore une fois, "mieux vaut la nourriture que l'argent" et la nourriture reste représentée par le mil.

L'accroissement de l'agriculture de bas-fonds est récente et reste localisée aux rares pourtours de vallées. La plupart des paysans y ayant accès, ne possèdent que des parcelles de quelques dizaines d'ares qui produisent une nourriture de complément dont les surplus éventuels sont seuls commercialisés. Pourtant lorsqu'une tradition plus ou moins ancienne a pu s'établir - tabac de Madaroumfa, oignons de Galmi, manioc de Dossey... - une spéculation sur des produits directement destinés à la vente peut aussi exister donnant lieu également à un processus de capitalisation de ces terres et à une intensification des pratiques techniques. Ces produits, non stockés durablement ne sont guère valorisés en eux-mêmes comme l'est le mil. Ils le sont à travers l'argent qu'ils procurent, non au *gida* mais au propriétaire, et qui est réinvesti en biens matériels de prestige ou en dons. Même lorsqu'ils sont parfaitement rentables, les jardins de bas-fonds sont présentés comme des objets de luxe, "coûtant plus qu'ils ne rapportent".

Ils sont emblématiques d'une richesse qui peut être dilapidée et "tous ceux qui ont les reins solides" cherchent à en posséder un.

Derrière ces chiffres et ces tendances existent les hommes, leurs projets et la faculté de les mettre en œuvre. "*Si tu as de la place, tu la gardes. Si tu vas en exode, maintenant tu as du mal à acheter de la terre, ce sont les producteurs de manioc et de canne à sucre et les commerçants qui achètent*". Ces avis traduisent une réalité constatée aussi bien à Dossey - où l'exode est généralisé - qu'à Garin Magaji - où il l'est infiniment moins. Depuis le blocage du foncier et les années de pénurie due à la sécheresse, les jeunes chefs de famille prennent leur indépendance dans des conditions plus difficiles que leurs aînés : ils ont moins de main d'œuvre, moins d'épargne. A Garin Magaji, l'émancipation des enfants s'est d'abord effectuée sur les champs éloignés du village, les pères se réservant les parcelles proches ou moyennement éloignées. L'introduction particulièrement forte dans cette région, des unités de culture attelée a permis de corriger un temps ce handicap lié à l'éloignement. Mais "les bovins (la culture attelée) ont gâché la terre. On s'est mis à cultiver partout et la terre n'a plus de force". Dans le même temps, les mauvaises récoltes ont largement pénalisé les jeunes qui ont peu à peu vendu leurs bovins dressés, leurs outils. "*Ceux qui n'ont presque rien travaillent quelques jours chez les autres et ils achètent un peu d'engrais ou de quoi manger*". Par contre les propriétaires excédentaires ont pu mieux supporter la crise et même en profiter pour capitaliser champs, outils, bétail.

L'exemple de El Hadji J., 52 ans, aîné de 4 frères qu'il a pris en charge à la mort de leur père, est à cet égard exemplaire mais il n'a rien d'exceptionnel. El Hadji a reçu personnellement en cadeau un champ (du père de sa femme, son oncle paternel). Bénéficiant d'une récolte de souchet particulièrement bonne, il a acheté en son nom propre, un autre champ (à un petit frère de son père) puis du matériel de traction attelée et des bovins. En 1974, il a encore bénéficié de la chute des cours de la terre pour acheter 5 nouvelles parcelles et n'a cessé depuis lors d'arrondir son propre patrimoine et son propre troupeau, d'augmenter ses achats d'engrais. L'émancipation des jeunes frères est intervenue à partir de 1975 et il les a scrupuleusement dotés de la part du patrimoine familial qui leur revenait, leur donnant en outre une paire de bovins dressés. Idi a conservé ses champs mais vendu ses 2 bœufs ; Sule et Illa qui habitent le même *gida*, ont vendu des champs et chacun 1 bovin mais ils peuvent s'entraider. Aucun des trois n'est autosuffisant en céréales et, alors que le frère aîné réalise une récolte de 300 sacs de souchets en 1992, Idi récolte 14 sacs, Sule 36 et Illa 37. Aujourd'hui El Hadji a reconstitué sa force de travail avec 2 fils mariés mais travaillant avec lui et de nombreux salariés agricoles. Lui-même possède au village 12 bovins, dont 7 sont confiés à des villageois qui se chargent de leur élevage mais bénéficient de leur travail, plusieurs unités de culture attelée qu'il loue à façon, et un moulin à céréales. Il s'est lancé récemment dans le commerce en gros du souchet (avec achat d'une land-rover et d'entrepôts en ville). Au village, El Hadji passe un peu pour un nouveau riche vis à vis d'autres gros propriétaires plus anciennement implantés. Mais il a noué de bonnes alliances, construit une mosquée et se trouve au centre d'un réseau d'amis et de clients qu'il entretient activement.

Ses avantages ont été cumulatifs et judicieusement gérés : surface agricole et main d'œuvre suffisante pour constituer des surplus ; possibilité, grâce aux revenus du souchet, d'investir dans l'amélioration technique et le maintien de la fertilité de grandes surfaces[1]. L'actuel chef de Dossey est plus avancé que lui dans cette entreprise d'enrichissement fondée sur de multiples stratégies. Son ascension a aussi débuté par la valorisation de ses productions agricoles personnelles : ici de la canne à sucre qu'il a cultivée et colportée, en cachant, dit-il, ses premiers gains pour n'être pas astreint aux redistributions obligatoires et pouvoir accumuler une épargne de démarrage. L'idée que l'agriculture - à Dossey les productions de contre-saison, à Garin Magaji le souchet car chaque village a son modèle d'enrichissement - peut être, en bonne année, génératrice de bénéfices monétaires qui peuvent être réinvestis est désormais partagée. Ces réussites, tout comme celles des gros commerçants de Maradi partis de rien, nourrissent un modèle d'ascension sociale strictement individuelle, reposant largement

[1]- El Hadji a plusieurs parcelles en jachère (accessibles à tous les animaux du village) ; il récupère le fumier de son troupeau et achète 80 sacs d'engrais.

sur une bonne insertion dans des réseaux de riches et sur "la chance", notion tout à la fois manipulable et mise en relation avec la mansuétude divine. Pour les autres, "est-ce qu'ils ont de l'argent ? Seul Allah peut les aider".

BIBLIOGRAPHIE INTRODUCTIVE

Banaou Dj., 1990. *Les systèmes de productions agricoles en Ader Haoussa (Zone du projet, Le cas de Lilingo).* Mémoire d'Ingénieur, ESAT, Montpellier

Banque Mondiale 1992. *Rapport d'évaluation, République du Niger, Projet de services agricoles.* Rapport 10119-NIR, Région Afrique, Dep. Sahel, Division opérations agriculture, 31 p. ronéo.

Blanc Pamard Ch. et L. Cambrezy (coordin.). 1995. *Terre, terroir, territoire, les tensions foncières.* ORSTOM ed., coll. "colloques et séminaires", Dynamique des systèmes agraires.

Coutumier Haoussa de Zinder, ou préceptes coutumiers, cercle de Zinder, 1936, Archives Nationales du Niger, dossier Zinder, 23.8.32, 36 p dact.

Gathelier R., & A. Gioda, 1986. *Études des relations pluies-débits à l'aide d'un simulateur de pluie sur un petit bassin sahélien (Kountkouzout, Rep. du Niger).* ORSTOM Niamey, Rapport Hydrologie, 25 p. ronéo.

Grégoire E., 1986. *Les alhazai de Maradi (Niger). Histoire d'un groupe de riches marchands sahéliens.* Paris, ORSTOM, coll. Travaux et documents n°187.

Keita M. 1990. *Le Code Rural et son potentiel comme instrument pour la conservation de la diversité biologique et de la productivité agricole et pastorale à long terme.* Contribution au Rassemblement Général de l'UICN, Nov-Dec 1990, Perth, 4 p.

Le Gal P.Y., 1986. *Les systèmes de culture au Sud du département de Maradi. Analyse des pratiques culturales et de leur influence sur les rendements.* Projet de Développement Rural de Maradi, Unité suivi-évaluation, 54 p. ronéo.

Le Roy E., A. Karsenty, A. Bertrand 1996. *La sécurisation foncière en Afrique - Pour une gestion viable des ressourses renouvelables.* Karthala.

Lund Ch., 1993. "En attendant le code rural : réflexions sur la réforme de la tenure foncière au Niger" *Programme Réseaux des Zones Arides, Dossier n°44,* London IIED.

Luxereau A., 1987. "Maîtrise et transmission du foncier dans un village rural du département de Maradi (Niger)". in *Hériter en pays musulman, Habus, Lait vivant, Manyahuli.* sous la dir. de M. Gast, Marseille CNRS : 231-244.

Luxereau A., 1994. "Usages, représentations, évolutions de la biodiversité chez les Haoussa du Niger". *JATBA*, nouv. série, vol XXXVI, n°2 : 67-86.

Ministère de l'agriculture et de l'élevage, 1993. *Annuaire des statistiques et de l'élevage 1991.* Direction des études et de la programmation, Niamey.

Ministère du plan et de la planification régionale, 1989. *Deuxième recensement général de la population 1988. Résultats provisoires.* Bureau central du recensement, Niamey. 11 p. ronéo.

Raynaut Cl. (ss la dir de), 1988. *Le développement rural de la région au village. Analyser et comprendre la diversité.* Bordeaux-GRID, Projet de développement rural de Maradi.

Raynaut Cl., 1988. "Aspects of the problems of land concentration in Niger". In *Land and society in contemporary Africa.* Downs & Reyna Eds. University Press of New England, 221-242.

Sanda M.S., 1992. *Le projet de développement rural de Dosso (Niger) et ses incidences sur les dynamiques locales : évaluation socio-anthropologiques.* Mémoire de DESS, Institut d'Aménagement Rural, Aix en Provence III.

Spittler G., 1977. "Urban exodus : urban- rural and rural-urban migrations in Gobir (Niger). *Sociologia ruralis,* 17 : 223-235.

Tiemogo H., 1994. *Les systèmes de production agricole dans la basse vallée du Zourourou (Arr. de Keita).* Programme de Coopération FAO/Gouvernements. Projet intégré Keita, GCP/NER/O32/ITA Doc. de travail, 56 P ronéo.

Van Gent P. & N. ElHadji Mohammed, 1993. *Étude des systèmes d'exploitation et d'utilisation des terres des agglomérats d'intervention du projet PRIVAT.* KONNI, PRIVAT.

TCHAD : PAYSANS, COMMERÇANTS, ÉTAT

une histoire mouvementée

Claude ARDITI
Centre d'Études Africaines

"Ignorer le passé
expose souvent à le répéter"
Michel Serres. *Eclaircissements*
Entretiens avec Bruno Latour, 1992

La création, à partir de 1965 dans les pays francophones du Sahel, d'Offices céréaliers financés par l'aide internationale pour réguler le commerce des grains s'inscrit dans une longue série d'interventions de l'État dans l'économie qui a caractérisé les années qui ont suivi l'Indépendance. Déjà, durant la période coloniale diverses tentatives de même nature avaient instauré les "greniers de réserve", les "sociétés africaines de prévoyance" (SAP) et les "sociétés indigènes de prévoyance" (SIP)[1]. Celles-ci avaient pour objectif, dans les régions où les cultures de rente n'existaient pas, de constituer des stocks de céréales à la récolte, et de les conserver jusqu'à la période de "soudure" afin de les restituer ensuite à leurs adhérents.

Ces réserves de céréales étaient conservées dans un silo villageois, conception en rupture avec les pratiques paysannes caractérisées par un stockage dans des greniers dans le cadre du groupe domestique, et étaient le plus souvent gérées en pays musulman par un marabout car il pouvait, en général lire et écrire un peu l'arabe. Il devait exécuter les directives de l'administration. Celle-ci qualifiait à l'époque le comportement des agriculteurs des régions sahéliennes d'imprévoyant car ils pouvaient, certaines années difficiles, consommer et parfois

[1] A. Bergeret "Les sociétés indigènes de prévoyance : du Maghreb à l'Afrique Noire, dérive d'une institution". In *Les techniques de conservation des grains à long terme*. Paris, 1985:171-191.

vendre la totalité de leur production de céréales et se trouver ensuite totalement démunis. Les années de faible production, en l'absence de surplus, les paysans étaient obligés de vendre des céréales pour s'acquitter de l'impôt de capitation qui était devenu exigible en argent.

Les aléas climatiques caractéristiques du milieu sahélien ont pour conséquence de faire se succéder périodes d'abondance et de disette, voire de graves famines qui sont imprévisibles. Afin d'en atténuer les effets, les agriculteurs avaient su mettre en œuvre, grâce à un savoir accumulé à travers les générations, diverses actions. Ils disposaient de nombreuses variétés de mil et de sorgho qui étaient utilisées en fonction des conditions climatiques et pédologiques locales, et de greniers pour les conserver durant plusieurs années. La cueillette de graminées sauvages, de fruits et la pratique de la chasse leur permettaient aussi de survivre dans ces situations difficiles.[1]

Les conditions écologiques, historiques et sociologiques qui caractérisent les sociétés sahéliennes ne furent, en réalité, jamais prises en compte dans leur complexité par ceux (administrateurs ou développeurs) qui désiraient en améliorer le fonctionnement. Au contraire, la tendance à simplifier la réalité qui caractérise encore de nos jours de nombreuses opérations de développement ne retint à l'époque que l'existence de périodes de soudure durant lesquelles le prix des céréales, du fait de leur rareté, augmentait pour redescendre ensuite après la récolte. Ce schéma idéal et simpliste supposait l'existence de cycles de prix constants et réguliers que la création de stocks de grains et leur mise en circulation dans les villages et les principaux centres urbains devaient pouvoir aisément contrarier. Il omet totalement que la succession de deux ou plusieurs bonnes récoltes de céréales peut se traduire par des prix constants voire des baisses durant la période de “soudure”.

Pour l'avoir ignoré, les dirigeants des Offices céréaliers se sont à diverses reprises retrouvés avec d'importants stocks qu'ils ont dû brader ou vendre à crédit, car leur conservation pendant plusieurs années aurait été trop coûteuse. Pour des raisons similaires, les banques de céréales dont la conception est

---

[1] .P.Creac'h. *Se nourrir au Sahel. L'alimentation au Tchad.* (1937-1939). L'Harmattan, 1993, 47- 62. Voir aussi les travaux de A. Bergeret, E. Bernus, M. Chastanet et M.J. Tubiana.

voisine de celle des greniers de réserve de la période coloniale n'ont pas connu le succès escompté. Leur création a été pourtant encouragée par les organismes d'aide et les ONG, d'abord au Burkina Faso et par effet de mode dans les autres pays du Sahel. Elles ont, en réalité, connu de nombreux échecs et Berg signale que sur un échantillon de 124 banques crées au Burkina avant 1985, 72 % avaient disparu quelques années plus tard[1].

C'est aussi sur des bases "théoriques" aussi fragiles qu'a reposé la création, principalement sous l'égide de la FAO d'Offices céréaliers devant intervenir pour réguler le marché des grains dans d'immenses pays disposant à l'époque de mauvaises voies de communication. En l'absence quasi générale d'études sur le fonctionnement des réseaux marchands (identité des commerçants, histoire et organisation des diaspora, flux commerciaux, formation des prix et marges bénéficiaires, etc.), prévalut longtemps un discours en faveur de l'intervention de l'État car les commerçants auraient réalisé avec les céréales des bénéfices exorbitants incompatibles avec le maintien du pouvoir d'achat des fonctionnaires. Ceux-ci ont, en effet, constitué, ainsi que l'Armée, les principaux soutiens des régimes fort peu démocratiques qui se sont succédés depuis 1960 et devaient donc être les bénéficiaires des mesures économiques envisagées.

LES COMMERÇANTS

En matière de bénéfices réalisés par les commerçants, de nombreux rapports d'experts, pourtant effectués dans des pays différents, développent tous l'argumentation suivante : "le spéculateur qui a acheté à 15 F (le kilo) peut bien vendre en fin de compte à 40 ou 50 francs après 9 mois de stockage"[2]. Aucune information complémentaire n'est fournie sur le lieu d'achat, les quantités, le coût des intermédiaires, de la manutention, et de la mise en sacs ni surtout sur le transport (mode, distance, et coût). Quant aux taxes licites et illicites que tout commerçant et transporteur doit acquitter pour pouvoir effectuer son travail, elles sont aussi totalement passées sous silence. Aucune allusion non plus à la notion de capital relationnel défini comme

---

[1] E.Berg, L.Kent. *The Economics of Cereal Banks in the Sahel.* 1991: 52.

[2]. Auffret et *alii*, *Production et commercialisation des céréales. Tchad*, vol. I :160, Nations Unies, 1974.

l'ensemble des liens avec les pouvoirs économiques, politiques et religieux sans lesquels l'exercice du commerce et des affaires est impossible. Aucune allusion, enfin, au fait que les céréales ne sont jamais vendues au kilo et pesées mais grâce à un système de mesures de volume nommées *koro* au Tchad. Leur utilisation et leur manipulation interviennent à chaque stade de la filière et génèrent un bénéfice, tandis que leur contenance réelle diminue au fur et à mesure que l'on se rapproche du consommateur.

Ainsi, s'est développée à partir de ces données relatives au Tchad, mais que l'on retrouvera dans pratiquement tous les rapports publiés à l'époque par la FAO ou le PNUD, l'idée que les marges bénéficiaires moyennes des commerçants de céréales étaient de l'ordre de 300 %. Elles furent jugées inacceptables. En réalité, leur calcul simpliste reposait uniquement sur l'utilisation de données annuelles sur les prix dont la fiabilité est loin d'être démontrée pour les raisons évoquées précédemment. La non prise en considération de l'ensemble des coûts supportés par les commerçants montre clairement le manque de rigueur de l'analyse. En outre, la mention d'un stockage des céréales durant neuf mois correspond fort peu, ainsi que l'ont mis en évidence des études postérieures, aux pratiques réelles des commerçants. Ceux-ci doivent le plus souvent, par manque de liquidités dû à une forte méfiance à l'égard du système bancaire et à la difficulté à en obtenir du crédit, revendre rapidement leurs céréales pour acheter d'autres marchandises (produits agricoles, biens manufacturés, etc.). L'absence de spécialisation dans le domaine des céréales est déplorée par ces mêmes "experts" car elle est perçue comme un manque de qualification professionnelle. Elle constitue pourtant l'un des principaux éléments de la stratégie des commerçants, de même que leur "diaspora" dans des pays voisins appartenant à des zones monétaires différentes (Franc CFA et Naira par exemple). Elle manifeste un esprit d'entreprise défini par d'incontestables qualités d'adaptation à un environnement caractérisé par des aléas climatiques, sociaux et politiques[1].

L'analyse des stratégies mises en œuvre par les grandes familles de commerçants musulmans du Tchad montre en effet

[1]. C. Arditi,"Commerce, Islam et Etat au Tchad" (1900-1990), in *Grands commerçants d'Afrique de l'Ouest,* Grégoire et Labazée (eds), Paris, 1993 : 174-220.

que les céréales ont pu parfois permettre dans le passé de réaliser, en période de pénurie, des profits importants avec un faible investissement. Par la suite, la diversification des activités dans l'immobilier, le transport, etc., a toujours été accompagnée d'un élargissement de la gamme des produits commercialisés par les membres du réseau marchand (denrées agricoles, biens manufacturés, produits industriels). A contrario, une famille connue pour être restée cantonnée au commerce des céréales est considérée comme ayant échoué dans les affaires.

L'INTERVENTION DE L'ÉTAT

C'est pour avoir ignoré ces règles que bailleurs de fonds et responsables des Offices céréaliers n'ont jamais pu intervenir avec efficacité sur le marché malgré les sommes très importantes dont ils ont disposé. Dans le passé, l'intervention de l'État dans le but de garantir la paix sociale a été particulièrement importante dans le commerce des céréales car celles-ci constituaient une partie très importante des dépenses des citadins. Le mil et le sorgho demeurent de nos jours les céréales de base de la majorité des habitants du Tchad et des pays sahéliens enclavés. D'autres secteurs de l'économie, considérés comme moins sensibles, ont cependant aussi, à une époque ou à une autre, été concernés par la création d'organismes publics. L'État ayant pour objectif de rationaliser ou de "moraliser" l'écoulement des productions, le bétail, la viande, le natron, la gomme arabique et la distribution des marchandises importées furent aussi intégrés au secteur public.

Toutes ces actions se sont soldées par des échecs qui eurent pour cause aussi bien la nature de ces interventions que les conditions politiques et économiques dans lesquelles elles furent mises en œuvre. Ainsi par exemple, la création, durant la période coloniale, de greniers de réserve dans une région où l'Armée coloniale avait ponctionné céréales et bétail pendant plusieurs années, fut assimilée à de nouvelles réquisitions. En effet, en pays Soninké du Mali, l'instauration, dans les années 1930, de greniers villageois, entraînera des réactions paysannes qui furent qualifiées "d'opposition la plus violente et la plus généralisée qu'ait connue la colonisation dans la région"[1]. Ainsi

---

[1]. E.Pollet, G. WInter. *La Société Soninké (Dyahunu). Mali,* Bruxelles, 1971:104.

encore, la Société Indigène de Prévoyance Urbaine de Fort-Lamy[1] dans les années 1950 qui, à l'instar des futurs Offices céréaliers utilisait déjà le concours de commerçants pour constituer des stocks de céréales, alors que son objectif consistait précisément à lutter contre la spéculation dont ils étaient en permanence accusés. En année de production normale ou excédentaire, il lui était assez facile de collecter à bas prix de quoi remplir les greniers souvent en métal dont elle disposait. Il était par contre, semble-t-il, beaucoup moins aisé de revendre les céréales car la demande était faible et les prix très bas. Quand la récolte suivante était encore bonne les stocks s'accumulaient et leur conservation durant plusieurs années ne pouvait être garantie car trop onéreuse[2]. Les céréales étaient, par conséquent, généralement bradées ou vendues à crédit. En mauvaise année par contre, la SIPU achetait peu car les prix étaient élevés et ses moyens financiers limités. Elle ne pouvait alors revendre que de faibles quantités de grain à ses adhérents peu nombreux. Ces derniers se trouvaient donc contraints à s'approvisionner sur le marché à des conditions moins favorables. Les Offices céréaliers qui furent créés en Afrique sahélienne après 1960 reposent sur les mêmes principes et connurent donc les mêmes difficultés.

La méconnaissance du fonctionnement des réseaux marchands et la corruption qui a caractérisé les régimes qui ont successivement exercé le pouvoir expliquent leurs piètres performances. De façon générale, les résultats qu'ils ont obtenus et qui peuvent être mesurés en termes de quantités et de prix des céréales achetées et revendues, ainsi que de coûts des interventions sont sans aucune commune mesure avec l'efficacité dont a fait preuve durant la même période le commerce privé. On doit aussi remarquer que ces résultats n'ont pu être obtenus que grâce à la collaboration des commerçants dont les Offices devaient en principe entraver l'action. En réalité, est apparue dès la période coloniale, la notion de commerçant agréé, travaillant régulièrement avec l'Administration. Leur sélection, en principe effectuée à partir de critères "objectifs", fut en fait, dès le départ, totalement liée à des relations de clientélisme. Ainsi s'est développée une étroite collaboration entre le secteur privé et

---

[1]. Aujourd'hui N'Djamèna.

[2]. Les greniers métalliques étaient en outre peu efficaces.

l'État qui existe encore de nos jours. En effet, chaque parti ou fraction politique comprend, parmi ses militants, des commerçants et des hommes d'affaires qui le financent et qu'il faudra récompenser lors de l'arrivée au pouvoir, ou de l'obtention d'un portefeuille ministériel. De nombreux exemples attestent que les commerçants sélectionnés pour collaborer avec les Offices céréaliers étaient rarement ceux qui contrôlaient effectivement le marché des céréales. Dans certains cas extrêmes, comme le montrera l'analyse de l'ONC du Tchad à l'époque d'Hissène Habré, ceux qui furent chargés de revendre l'aide alimentaire étaient connus bien davantage comme "combattants" que comme commerçants. Les très mauvais résultats obtenus par les Offices céréaliers, que ce soit à partir de céréales locales ou importées, se traduisent par le fait qu'on estime qu'un organisme étatique de cette nature doit au minimum contrôler 10 % de la production totale pour exercer une action sensible sur le marché. Les principaux Offices céréaliers n'ont jusqu'en 1974 jamais pu acheter plus de 25 % des quantités commercialisées permettant ainsi au commerce privé de demeurer maître du marché.

Les aides internationales et particulièrement celles de la FAO ont cependant continué à affluer et de nombreux "experts" y furent envoyés en renfort. A partir de 1974, les Offices profitèrent largement, peut-on dire par euphémisme, des années de sécheresse qui survinrent car ils eurent pour tâche principale de vendre les céréales fournies par l'aide internationale[1].

L'AIDE ALIMENTAIRE

L'estimation du déficit céréalier dans un pays dans lequel la production, la commercialisation et la consommation des céréales sont très mal connues, faute d'enquêtes sérieuses, constitue une véritable gageure. Des compromis qui résultent d'estimations de données de population rapportées à des normes de consommation élaborées par la FAO permettent, en général après des discussions homériques entre les parties, de parvenir à un accord. Les principaux bailleurs de fonds parviennent en-

1. Par exemple, environ 70% de l'aide alimentaire fournie par la CEE dans le cadre de déficits céréaliers désormais considérés comme normaux est allouée aux offices céréaliers. Ceux-ci doivent les revendre et les fonds obtenus (dits "de contrepartie") doivent en principe être utilisés pour financer la trésorerie de l'Office et des opérations de développement.

suite à un nouveau compromis et chacun d'eux propose de prendre en charge une partie du volume total d'aide alimentaire octroyé au pays. A cette occasion intervient en général une compétition car chacun veut apparaître comme le plus généreux.

Les quantités reçues par les Offices céréaliers au titre de l'aide alimentaire ont été en général très supérieures aux transactions - achat et vente - qu'ils avaient pu effectuer dans le passé avec les céréales locales (généralement de l'ordre de 1 à 10). Ainsi est apparue très tôt l'extraversion de ces organismes dont l'activité principale devint la revente de céréales importées d'Europe ou des Etats-Unis : maïs, riz, blé et sorgho). Ceci apparaît en contradiction avec leurs règlements qui stipulent qu'ils doivent en priorité réguler le marché des céréales locales : mil et sorgho. La revente d'aide alimentaire, on le verra à propos du Tchad, fut loin, elle aussi, d'être un succès car les infrastructures de stockage de l'ONC furent remplies de 1985 à 1988 de plusieurs milliers de tonnes de maïs et de blé qu'il n'arrivait pas à écouler. Il ne pouvait donc, faute de place et d'argent, acheter des céréales locales qui étaient devenues abondantes et bon marché à la suite de récoltes largement excédentaires. Malgré ceci, les financements des organismes internationaux (FAO, CEE, USAID) ont continué à affluer à l'Office et les nombreux véhicules 4 x 4 flambant neuf, garés devant ses locaux pouvaient donner l'image d'une activité fébrile.

Ce n'est que tardivement que certains bailleurs de fonds assortirent l'octroi de leur aide alimentaire de la réalisation d'études précises des conditions dans lesquelles elle était revendue, par les commerçants agréés ou directement au personnel des entreprises publiques. Cette attitude caractérisa surtout la CEE qui, prenant acte des diverses critiques formulées à l'encontre de l'aide alimentaire en nature, mit en œuvre des procédures nouvelles connues sous le nom de "fonds de substitution". Elles consistent en effet à fournir à l'Office céréalier, normalement bénéficiaire d'aide alimentaire en céréales importées, leur équivalent monétaire dans le but d'acheter en priorité des céréales locales et de parvenir ainsi à devenir financièrement autonome. On avait, en effet, surtout à la suite de courtes missions de parlementaires européens, reproché à l'aide alimentaire classique en maïs et blé de contribuer à accélérer la transformation des habitudes alimentaires et d'avoir pour effet de faire baisser les prix des céréales locales, décourageant ainsi les producteurs. Ces hypothèses très générales et pleines de bonnes intentions car elles paraissaient prendre le parti des paysans n'ont que rarement été confirmées par des études de cas. L'analyse que nous avons menée au Tchad en 1985[1] montre qu'au contraire, et pour des causes multiples, endogènes et exogènes, que nous détaillerons par la suite, l'échec de la vente des céréales importées parvenues sur place avec retard, incombe pour une bonne part à l'arrivée en quantité sur les marchés urbains de céréales locales. Elles étaient peu chères car la récolte était bonne.

La possibilité, offerte par la CEE d'obtenir des fonds de substitution d'une valeur de plusieurs centaines de millions de francs a dû apparaître comme une véritable aubaine aux dirigeants des Offices céréaliers dans la mesure où la question qui leur était implicitement posée pouvait se formuler ainsi : "Préférez-vous de l'argent frais ou des céréales importées (parfois de mauvaise qualité) qui se vendent mal ?" A notre connaissance, les réponses furent unanimes. Si dans son principe on ne peut qu'approuver l'évolution de la réflexion de la CEE en matière d'aide alimentaire, dans la mesure où l'objectif visé était désormais de lutter contre l'extraversion des Offices céréaliers, on peut cependant y déceler beaucoup de laxisme et de naïveté. Une corruption généralisée régnait en effet dans toutes les entreprises publiques[2]. L'exemple du Tchad montre d'ailleurs clairement que les dirigeants de l'Office ont préféré placer en banque les centaines de millions données par la CEE pour toucher des intérêts, plutôt que d'être présents dès l'ouverture de la campagne d'achat des céréales. De telles "dérives" ne seraient sans doute pas possibles si les bailleurs de fonds étaient plus exigeants et suivaient plus attentivement les opérations qu'ils financent. En réalité, ils sont en compétition permanente les uns avec les autres et leur rôle est loin d'être purement "technique" comme l'affirment trop souvent et sans grande conviction leurs dirigeants. Ceux-ci entretiennent avec les chefs

---

1. C. Arditi, *Les activités de l'ONC en 1985 : commercialisation de l'aide alimentaire et de la production locale de céréales*, SEDES, Mars 1986.

2. C. Arditi, *Du " prix de la kola" au détournement de l'aide internationale : clientélisme et corruption au Tchad (1900-1992)* (20 pages, non publié), 1994.

d'État africains et les directeurs des organismes qu'ils financent des relations de clientélisme (voyages, véhicules luxueux, etc.) que l'anthropologue doit se donner pour tâche d'analyser. Il est arrivé, et ce cas fut fréquent au Tchad sous le régime d'Hissène Habré, que les décisions prises par les représentants locaux d'un organisme international soient annulées après qu'une démarche ait été effectuée par l'ambassadeur du Tchad auprès des dirigeants du siège en Europe ou aux Etats-Unis.

L'AJUSTEMENT STRUCTUREL ET SES CONSÉQUENCES

Depuis quelques années, sous l'influence de la Banque mondiale et du FMI qui instaurèrent les programmes d'ajustement structurel auxquels sont soumis de nombreux pays, toute intervention de l'État dans l'économie est désormais systématiquement bannie. Les entreprises publiques, la plupart du temps déficitaires, sont fermées et démantelées les unes après les autres. Les Offices céréaliers ne font pas exception à la règle, et doivent désormais se cantonner à la constitution et à la gestion d'un stock dit de sécurité devant permettre d'attendre en période de disette l'arrivée d'aide alimentaire.

L'approvisionnement des centres urbains et des zones pastorales est donc, en principe, totalement laissé au commerce privé. Le discours et les attitudes concernant les commerçants paraissent avoir sensiblement changé[1] dans la mesure où ces derniers apparaissent dorénavant seuls capables, aux yeux des "Washington Boys" d'incarner le libéralisme économique sans lequel, dans leur optique, aucun progrès n'est envisageable. Entre temps, la connaissance des réseaux marchands a progressé, en grande partie grâce à des études financées par les Etats-Unis, et par des évaluations des actions menées par les Offices céréaliers, souvent à l'initiative de la CEE et parfois

[1]. Remarquons pourtant que Bruel, administrateur des colonies, écrivait en 1918 : "Il faut guider, diriger cet élément commerçant fort intéressant parce qu'il se glisse partout et qu'il transporte des marchandises et des animaux à de très grandes distances sans prélever presque de prix de transport, car pour ces petits marchands le temps ne compte guère", *La France Equatoriale Africaine*, Paris 1935: 259.

contre la volonté de leurs dirigeants[1]. Ces différents travaux ont montré l'efficacité du secteur privé caractérisé de façon générale par des marges bénéficiaires faibles sur les céréales et parfois plus élevées sur d'autres produits. Ces études, réalisées le plus souvent par des économistes d'inspiration libérale, ont en général raisonné en termes de filière et ont par conséquent peu exploré les stratégies de toute nature mises en œuvre par les commerçants et les relations qu'ils entretiennent de longue date avec le pouvoir politique et religieux[2]. Elles concluent en général à l'absence de situation de monopole dans la commercialisation des céréales et par conséquent à la possibilité de libéraliser totalement ce secteur.

Les évaluations des actions des Offices céréaliers ont montré, quant à elles, que bien que dotés d'un statut juridique et parfois d'un monopole de droit en matière de commercialisation, ces organismes n'ont, depuis leur création, cessé de collaborer étroitement avec des commerçants et des transporteurs. Il convient donc d'être prudent et de distinguer le discours de la pratique. Tel directeur d'un Office céréalier ne déclarait-il pas à la presse que les commerçants réalisaient des profits exorbitants (sans en apporter une fois encore la moindre preuve) car ils vendaient dix fois plus cher les céréales achetées au producteur. Ceci ne l'empêchait d'ailleurs pas de sélectionner les commerçants agréés en fonction de leur générosité lors de l'attribution des marchés (fourniture de sacs, de céréales, de véhicules, etc.). On ne peut donc opposer de façon systématique Office céréalier et commerce privé comme le font les partisans de l'idéologie libérale qui dominent actuellement dans les organismes internationaux. Discours et pratiques apparaissent aussi décalés car l'économie céréalière a toujours constitué un domaine politiquement sensible. On ne peut que constater, en effet, deux précautions valent mieux qu'une, que les mesures qui ont été prises apparaissent beaucoup moins radicales que les discours qui les ont précédées. Les Offices céréaliers n'ont en effet pas été supprimés. L'intervention de l'État apparaît donc encore nécessaire

---

1. C. Arditi, P. Hankey, "*Evaluation socio-économique et financière de l'Office National des Céréales, Tchad (1984-1990)*", Agrar Consulting GMBH, 2 volumes, Juillet 1991.

2. E. Gregoire et P. Labazée, *Grands commerçants d'Afrique de l'Ouest. Logiques et pratiques d'un groupe d'hommes d'affaires contemporains*, Paris, Karthala, 1993.

et le volume du stock de sécurité qu'ils doivent désormais constituer et gérer, bien que variable d'un pays à l'autre (80.000 tonnes au Niger contre seulement 10.000 tonnes au Tchad) devra comme par le passé être fourni par des commerçants (appels d'offres). Il n'apparaît pas évident que cette "nouvelle" politique représente vraiment un désengagement de l'Office car le volume du stock est souvent beaucoup plus élevé que ceux qui furent difficilement collectés dans le passé alors que l'objectif de régulation du marché était en vigueur. La nécessité de reconstituer le stock par tiers chaque année, justifiée par le coût d'entretien et de gestion des céréales, oblige l'Office à mettre en vente, comme par le passé, et quelles que soient les conditions du marché, abondance ou pénurie, plusieurs milliers à plusieurs dizaines de milliers de tonnes de céréales. Il court le risque, comme par le passé, de devoir vendre à perte ou à crédit. L'expérience a montré qu'il est préférable d'envisager la première solution, car les dettes émanant principalement des militaires ne sont jamais honorées.

On voit donc que les diverses tentatives, fonds de contrepartie, fonds de substitution ou stock de sécurité n'ont jusqu'à ce jour pas permis aux Offices céréaliers d'atteindre leurs objectifs ni surtout de répondre aux attentes des consommateurs les plus démunis. Il apparaît aussi clairement que les expressions stabilisation des prix ou régulation du marché sont devenues désormais tabou afin de respecter le credo libéral. L'action des Offices céréaliers qui injectent chaque année sur le marché d'importants stocks de sécurité ne peut, en continuité avec le passé, qu'aboutir aux mêmes résultats, et favoriser les grands commerçants, seuls capables de répondre à des appels d'offres de plusieurs milliers de tonnes.

L'Office National des Céréales

L'analyse des activités de l'Office national des céréales du Tchad de 1984 à 1990 va nous permettre d'illustrer les réflexions générales précédentes. On nous objectera sans doute qu'il s'agit là d'un cas extrême dans la mesure où ce pays connaît la guerre et l'insécurité depuis presque trente ans, et que la période étudiée fut caractérisée par le pouvoir absolu et la corruption généralisée. Nous pensons pourtant que les phénomènes décrits existent cependant, *mutatis mutandis*, dans les autres pays du Sahel sous des formes parfois atténuées.

L'ONC fut créé en 1977 alors que l'OPVN[1] existait déjà depuis 1970 et l'OPAM[2] depuis 1965. Comme les autres organismes l'ONC avait pour objectif "d'intervenir sur le marché afin d'assurer une meilleure stabilisation des prix aux producteurs et aux consommateurs"[3]. Il devait aussi "constituer un stock de réserve devant lui permettre d'intervenir en cas d'accident climatique"[4]. Sa création fut précédée comme dans les autres pays d'une longue série d'interventions de l'État dans le stockage et la commercialisation des céréales : SAP, SIP, SMDR[5], Département Céréalier du FDAR[6], SEMABLE[7], puis SODELAC[8]. Les quantités achetées par ces divers organismes, le plus souvent par l'intermédiaire de commerçants agréés n'atteignirent qu'exceptionnellement 5500 tonnes en 1976. L'effet exercé sur le marché des céréales ne put qu'être faible dans la mesure où la moitié des achats étaient constitués de riz, céréale peu cultivée dont le prix élevé limitait à l'époque, comme aujourd'hui, fortement la consommation. L'ONC bien qu'ayant bénéficié de moyens beaucoup plus importants (environ trois milliards de 1984 à 1990) que les organismes qui l'ont précédé, fut de façon permanente confronté à des problèmes de même nature que ses prédécesseurs. Il ne put acheter, par l'intermédiaire de commerçants, que de faibles quantités de céréales, parfois loin de l'aire d'approvisionnement de N'Djaména, ville de 600.000 habitants, dans laquelle demande et pouvoir d'achat sont concentrés. Ainsi, des achats en zone soudanienne dans laquelle est cultivé le coton n'ont pu être transférés dans la capitale distante d'environ 600 km car l'intégration du coût de transport au prix de vente les auraient rendus totalement invendables. L'Office acheta aussi en zone sahélienne, mais l'absence de données fiables sur les prix fit que les commerçants agréés réalisè-

---

1 Office des Produits Vivriers du Niger.

2 Office des Produits Agricoles du Mali.

3 Ordonnance du 21 Septembre 1977.

4 *Ibid.*

5 Société Mutuelle de Développement Rural.

6 Fonds de Développement et d'Action Rurale (1965-1977).

7 Secteur Expérimental de Modernisation Agricole du Blé.

8 Société pour le Développement de la région du Lac

rent d'importants bénéfices à son détriment. L'absence de fonds ou leur détournement à d'autres fins que l'achat de céréales l'empêcha d'entrer en réelle concurrence avec le commerce privé. De plus, les achats directs par le personnel ont toujours été limités car l'envoi de fonds était considéré comme risqué dans la mesure ou ses agents de l'intérieur n'étaient payés que de façon très irrégulière. La méconnaissance des prix dans les principales zones de production se traduisait par le fait que toute opération d'achat était précédée d'une demande d'information émanant du service commercial. Les agents de l'Office sachant que des fonds importants allaient leur parvenir sous peu, transmettaient par radio des prix beaucoup plus élevés que ceux qui étaient réellement pratiqués. Les quelques tentatives qui furent faites pour acheter directement au producteur par le truchement de groupements de paysans (Chari-Baguirmi) mirent en évidence que des commerçants y exerçaient souvent des responsabilités. Il était, par conséquent difficile de parler, dans ce cas, d'achat au producteur. Ajoutons enfin que toute campagne d'achat était précédée par l'établissement de prévisions (lieux, quantités et prix) établies avec le concours d'un conseiller (FAO), du Directeur Général. Celles-ci furent de façon générale toujours totalement infirmées par les réalités.

Alors que les prévisions envisageaient d'acheter en majorité en zone soudanienne à des prix assez bas, des achats très inférieurs furent réalisés à des prix élevés en zone sahélienne. Par conséquent, les prix de vente des céréales, qui répercutaient mal les coûts réels des interventions de l'Office, en l'absence d'une comptabilité fiable, étaient toujours plus élevés que ceux qui étaient pratiqués sur les marchés de la capitale. Il était donc contraint, pour disposer de liquidités, de pratiquer la vente à crédit aux fonctionnaires et aux militaires, et ces derniers, qui étaient en majorité "Goranes", en profitèrent pour prendre d'importantes quantités de céréales afin de les revendre. Activité d'autant plus lucrative que ces céréales ne furent jamais payées et que les créances représentaient en septembre 1990 plus de 400 millions dont 250 étaient dus par les militaires proches du Président. Le changement de pouvoir de décembre 1990 vit le pillage des bâtiments de l'Office et de son coffre-fort, rendant totalement impossible le remboursement des dettes.

L'Office eut aussi recours à la braderie appelée par euphémisme "vente promotionnelle" en parcourant les marchés de N'Djaména avec des camions chargés de sacs de céréales. Tout porte à croire que seuls des commerçants aisés purent se porter acquéreurs de ces céréales car le pouvoir d'achat des citadins était en général trop faible pour acheter de grosses quantités. On peut aussi supposer que figuraient parmi ces "clients" de l'Office, des commerçants qui lui avaient auparavant fourni ces céréales. Ils purent donc, grâce à lui, réaliser un second bénéfice lors de leur revente. De façon générale, l'Office ne proposant les céréales que par sacs (dits de 100 kg), il ne put jamais satisfaire les besoins de la majeure partie des citadins dont le faible pouvoir d'achat était à l'époque amputé de contributions obligatoires pour financer l'effort de guerre dans le conflit avec la Libye. Ceux qui disposaient encore de quelques moyens hésitaient à stocker des sacs de céréales à leur domicile car les nouvelles se propageant rapidement, la famille accourait, un récipient à la main...

Contrairement à l'Office, les commerçants, en majeure partie Arabes, qui approvisionnent les marchés de N'Djaména, effectuent leurs achats dans la zone sahélienne (Préfectures du Chari-Baguirmi, du Guéra et du Salamat) en utilisant un système complexe de rabatteurs et d'intermédiaires. Ils sont en position de force vis-à-vis des paysans car ils leur vendent, souvent à crédit, aussi bien des produits alimentaires (sucre et thé) que des biens manufacturés (tissus, vaisselle, etc.). Les paysans les remboursent en leur fournissant des céréales. Toutes les transactions portant sur ces dernières se font en utilisant des mesures dont le nom générique est *koro*. C'est de nos jours un récipient en métal émaillé en forme de cuvette dont la contenance varie en fonction du type de mesure utilisée et de la nature du produit qui y est versé : céréales, légumes séchés, gomme arabique etc. ; chaque *koro* possède en effet un nom et un volume spécifiques[1] et son utilisation dépend ainsi que le prix d'achat, du rapport de forces entre les parties en présence. Ces dernières années, des commerçants "graissaient" les autorités

---

[1] Les plus courants sont "Toyota, Gendarme, anneau de nez" (en arabe *abuchinif*, etc.). Dans la région de Bousso (Chari-Baguirmi), on utilisait en 1992 un koro nommé en arabe *Sara luti* : "le Sara est bête".(car il accepte de vendre dans ces conditions.) Une traduction plus fidèle prendrait en considération que le terme *luti* signifie aussi inverti.

politiques (préfets et sous-préfets) pour obtenir l'autorisation d'utiliser des mesures plus grandes que dans le passé en proposant des prix identiques voire plus faibles. Bien que la notion de poids n'intervienne jamais dans ces transactions et qu'aucune balance, juste ou fausse, ne soit utilisée il est souvent affirmé et écrit que le contenu d'un *koro* pèserait 2,5 kg quel que soit son contenu ! Il suffirait donc d'en verser 40 dans un sac pour obtenir 100 kg ! Les pesées des quantités de céréales contenues dans les *koro* utilisés pour la vente au consommateur effectuées ces dernières années sur les marchés de N'Djamena indiquent des variations de poids de 2 à 3 kg. On peut supposer que les *koro* ayant servi à acheter au producteur contenaient bien davantage.

Si l'on considère les quantités achetées par l'Office de 1984 à 1990, on constate qu'elles ont oscillé entre 0,4 et 2,2 % de la production céréalière du pays. Les ventes au comptant représentent quant à elles seulement 0,5 % des achats (1623 tonnes) ; le reste, soit environ 22.000 tonnes, a été vendu à crédit ou à perte. L'effet de régulation exercé sur le marché a donc été imperceptible.

FONDS DE CONTREPARTIE OU FONDS DE SUBSTITUTION ?

L'aide alimentaire a consisté en 1985 en 25.000 tonnes de céréales données par la CEE (18.000 tonnes de maïs, 7.000 tonnes de blé). Alors que le calendrier prévisionnel prévoyait la vente de la totalité de ces céréales sur une période de 9 mois à 4.050 F le sac de 50 kg, seulement 17.000 tonnes ont pu être écoulées au bout de trois ans. Ceci ne fut possible qu'après avoir diminué de nombreuses fois le prix de telle manière que les derniers lots ont été vendus à 400 F le sac. Les fonds de contrepartie qui devaient permettre d'acheter des céréales locales n'ont représenté que 40 % des sommes attendues (environ 2 milliards CFA) et n'ont pu être disponibles à temps. Cette situation résulte d'une conjonction de facteurs dont certains ne relèvent pas de la responsabilité de l'Office. C'est ainsi que les céréales dont l'arrivée était prévue en période de soudure n'ont pu commencer à être vendues qu'avec quatre mois de retard car l'encombrement des ports (Nigéria et Cameroun) les avait retardées. Les céréales étaient vendues à des "commerçants" agréés ou aux fonctionnaires s'inscrivant sur une liste dans leur ministère.

En réalité, les "commerçants" sélectionnés qui s'étaient engagés à venir enlever leur quota chaque semaine étaient, pour la plupart, des combattants "Goranes" analphabètes que le pouvoir en place souhaitait récompenser. N'ayant jamais fait de commerce à N'Djaména[1], ils ne disposaient d'aucune insertion dans les réseaux marchands locaux. Ils cessèrent donc très rapidement de venir prendre leur quota hebdomadaire de céréales à l'Office. Parmi les autres "commerçants" agréés figuraient une société d'importation de carburant, la femme d'un Ministre possédant un salon de coiffure, etc. En réalité, un petit groupe de commerçants arabes a, quant à lui, écoulé des quantités très supérieures aux engagements qu'il avait pris avec l'Office, permettant ainsi d'éviter que la vente de l'aide alimentaire soit un échec complet. Les fonctionnaires (à l'exception de la Police et de l'Armée dont le pouvoir d'achat était diminué de moitié) pour contribuer à l'effort de guerre achetèrent au début du maïs CEE. La nécessité d'acheter par sac constitua sans doute un obstacle sérieux à un écoulement plus important, d'autant plus qu'on pouvait trouver ce maïs vendu au détail à un prix un peu plus élevé. La mévente qui a caractérisé cette opération vient du fait que le maïs est une céréale secondaire faisant peu partie des habitudes alimentaires et que celui de la CEE était souvent très dur, car vieux de plusieurs années. Les femmes refusaient donc de le piler et devaient acquitter des frais de mouture plus élevés que pour les autres céréales. Il était donc moins intéressant d'en acheter et pour ces raisons, des fonctionnaires qui s'étaient procuré quelques sacs, souvent à crédit, les ont rapidement revendus.

A partir d'Octobre 1985, l'Office n'a plus pu écouler de maïs à N'Djaména car le mil et le sorgho du Chari-Baguirmi étaient arrivés sur les marchés en quantité et à bon prix. Les citadins les ont donc achetés en délaissant totalement les céréales de la CEE. En réalité, seulement 17.000 tonnes ont pu être vendues au bout de 3 ans. Le reste, soit 8.000 tonnes, a été déclassé en aliment de bétail, ce qui permit d'en baisser considérablement le prix, le rendant accessible à des fonctionnaires qui l'ont utilisé pour leurs élevages de volailles. La

---

[1] Certains ne parlaient pas l'arabe, langue du commerce et des affaires.

baisse constante du prix du maïs l'a mis aussi à la portée de nombreuses femmes qui l'ont utilisé pour fabriquer de l'alcool.

En 1989-90, grâce aux fonds de substitution de la CEE, une opération de transfert de 2.500 tonnes de céréales dans le BET[1] a été organisée. Le Directeur de l'Office, originaire de Faya, l'avait justifiée par la pénurie qui y aurait régné, du fait de l'absence de commerçants pour approvisionner régulièrement cette vaste région. En réalité, les principaux points de vente ouverts par l'Office dans les agglomérations les plus peuplées se sont trouvés en concurrence directe avec les commerçants qui proposaient en général des céréales moins chères. Par conséquent, à la fin 1990, seulement 1.500 tonnes avaient pu être vendues, car le prix en avait été baissé. Les stocks étant restés à l'air libre et sans surveillance, il est donc fort probable qu'à la faveur du changement de pouvoir de Décembre 1990, ils aient disparu. Il existe sans doute d'autres justifications de cette opération dans la mesure où elle a permis de faire travailler des transporteurs sur une distance de 1.000 km et de leur fournir du fret de retour (dattes). Ce type d'intervention montre clairement, une fois encore, que les commerçants qui s'étaient approvisionnés dans le Ouaddaï ou dans le Batha ont été plus efficaces et meilleur marché que l'Office.

Nous laisserons le mot de la fin au représentant du Ministère de l'Intérieur qui, lors d'une réunion du Conseil d'Administration de l'Office en 1985, répondit au sujet d'une somptueuse réception organisée par le Directeur de l'Office qu'il n'était pas possible d'utiliser la rubrique "imprévus" pour ce genre de manifestation. Il déclara : "La rubrique imprévus c'est pour les imprévus et je ne pense pas qu'il faut fixer le montant d'un imprévu dans les imprévus !" Une courte visite dans les locaux de l'Office en 1993 nous a pleinement rassurés : la salle d'attente était occupée par des militaires en treillis qui attendaient d'être reçus par le Directeur...

---

1 Borkou-Ennedi-Tibesti.

PROJETS COLLECTIFS DE TRANSFORMATIONS VILLAGEOISES ET REGROUPEMENT FAMILIAL

Catherine Quiminal
Centre d'Études Africaines

Les pérégrinations des habitants des villages situés dans la Vallée du Fleuve Sénégal ne datent pas d'aujourd'hui. Depuis fort longtemps les fruits de la terre ne suffisent plus à satisfaire entièrement les besoins des villageois. « Navetanes »[1] aux temps de la colonisation, de nombreux hommes sont contraints aujourd'hui de se déplacer vers les villes afin de se procurer de l'argent. Les uns rejoignent les capitales africaines, proches ou plus lointaines, Bamako, Dakar, Abidjan, Brazzaville, tandis que les autres misent sur une intégration au salariat dans les pays européens. Depuis les années soixante le flux des migrants originaires de cette région à destination de la France ne cesse de croître. Officiellement moins de 40.000 en 1970 ils sont aujourd'hui plus de 200.000.

Ainsi se perpétue au fil des ans un système terre/argent, agriculture familiale/salariat, dans lequel l'argent des salariés permet à l'unité familiale restée sur place de subsister tant bien que mal.

Ce système qui assure la pérennité de l'agriculture familiale de subsistance est aussi la stratégie de domination des anciens sur les cadets émigrés : ils les obligent à honorer le lien de dépendance qui les attache à la maisonnée par l'envoi d'une partie de leur salaire épargnée moyennant de nombreuses et constantes privations.

[1] Navetanes : nom donné, à l'époque de la colonisation, aux hommes qui durant la période des cultures se rendaient au Sénégal pour y cultiver l'arachide.

Cette mise en relation entre deux espaces économiquement et socialement différents est sans aucun doute le résultat de contraintes extérieures, celles imposées par le capitalisme.

Néanmoins elle ne signifie pas la disparition de l'économie familiale de subsistance. C'est encore elle qui domine dans les villages, organise les différents rapports sociaux, structure les comportements. Et si les migrants supportent le terrible coût de ce système c'est, d'une part, parce qu'ils espèrent un jour en être les bénéficiaires mais, d'autre part et surtout, parce que dans la société d'accueil, en l'occurrence la France, ils ne sont pas considérés comme des individus à part entière. Seule est convoitée leur force de travail, la citoyenneté leur étant refusée, tout est fait pour qu'ils ne puissent envisager leur avenir et celui de leur famille en France.

C'est fondamentalement le rapport à la terre de la communauté familiale demeurée au village qui explique la force du lien qui existe encore aujourd'hui entre le migrant en France et sa famille, son village d'origine, en Afrique. Pourtant au fil des ans la reproduction du système apparaît comme de plus en plus précaire et le coût, pour les migrants, de plus en plus lourd. Plus les disponibilités en force de travail diminuent au village, plus les demandes d'argent sont importantes.

Sans remettre en cause leur appartenance au village les émigrés vont massivement, par le biais d'associations regroupant l'ensemble des émigrés d'un même village, porter un regard critique sur cette économie de subsistance et proposer de nouveaux modes d'intervention. Dans le même temps une partie non négligeable d'entre eux (30 %) va tenter d'améliorer ses conditions de vie en France en y faisant venir femmes et enfants.

C'est à la compréhension de ce double mouvement, qui correspond à des stratégies en apparence contradictoires, que nous allons nous arrêter.

La question qui se pose peut se formuler de la manière suivante : l'immigration originaire de la Vallée du Fleuve Sénégal, va-t-elle, dans sa majorité, suivre une trajectoire similaire à celle des migrants d'autres nationalités, c'est à dire passer d'une immigration temporaire de main d'œuvre à une immigration de peuplement, comme pourrait le laisser penser le nombre croissant d'hommes procédant au regroupement familial ? Ou bien va-t-elle réussir à inventer un type de noria entre les deux espaces où se déroule sa vie, telle, qu'à moyen terme, le nombre des émigrés diminuerait en raison de la création de nouvelles occupations, de nouveaux emplois, d'un tissu social reconstitué au village ?

A la recherche d'un nouveau rapport : agriculture/Migration.

Le phénomène associatif est un phénomène massif au sein de l'immigration originaire de la Vallée du Fleuve Sénégal. Qu'il s'agisse du Mali, de la Mauritanie ou du Sénégal, les émigrés de chaque village sont pratiquement tous regroupés en Association villageoise en France. Leurs processus de constitution et la nature des projets qu'elles tentent de réaliser sont multiples.[1]

Ces Associations déclarées de type "loi de 1901" sont plus de 400 en France. Elles sont à la recherche d'initiatives dirigées vers leurs villages d'origine permettant aux migrants de ne plus être les simples bailleurs de fonds des villageois. Pour ce faire, elles doivent trouver de nouvelles articulations entre deux espaces sociaux, culturels, économiques fortement contradictoires : inventer un nouveau rapport terre/argent qui tienne compte conjointement des impératifs de l'agriculture familiale et de ceux qui découlent de l'insertion des migrants dans le salariat, ainsi que des différents comportements que cela induit.

Ces processus ne se déroulent pas selon un modèle a priori, mais par tâtonnement, essais et erreurs. D'où l'intérêt que chaque association accorde aux projets des autres associations. Elles visent toutes une utilisation plus rationnelle de l'épargne, un transfert des connaissances acquises, de technologies appropriées, voire de certaines normes de consommation.

Les chances de réussite d'un projet dépendent, d'une part, de la capacité des dirigeants des associations à unifier en France les migrants autour d'une initiative pour laquelle ils cotisent des sommes élevées (en moyenne 10.000 francs par an, par personne) ce qui nécessite de le maîtriser techniquement et politiquement. Il est d'autre part nécessaire de surmonter les

---

[1] Nous les avons analysés en détail dans notre ouvrage *Gens d'ici, gens d'ailleurs* (Bourgeois, 1991) et dans plusieurs articles, notamment in *Familles, Projets et capitaux, Hommage à C. Meillassoux*, dont nous reprenons ici les aspects principaux (à paraître - Karthala).

résistances villageoises à accepter des initiatives qui mettent en cause les hiérarchies, bousculent les traditions.

Pour ce faire elles constituent le village et non plus la famille en interlocuteur. Ce point est d'une importance capitale dans la mesure où l'agriculture de subsistance dans la région est un mode de production familial qui repose sur la dépendance des cadets par rapport aux aînés. Les émigrés peuvent ainsi se constituer en force sociale nouvelle dont la reconnaissance dépend de sa capacité à intervenir positivement sur des problèmes communs à tous les villageois. Individuellement chaque émigré ne peut remettre en cause l'idéologie familiale, même si, comme nous le verrons plus loin, cette dernière est peu compatible avec le regroupement d'une partie de sa famille en France. Ce détour, permet une transition en douceur, il facilite les négociations afin que les envois d'argent, pour une part au moins, ne servent pas à des dépenses somptuaires mais bien à modifier le système de reproduction économique et sociale.

Quelle que soit leur nature, coopérative d'achat, petite infrastructure de santé, école, ou périmètres irrigués, les projets nécessitent une mobilisation villageoise, de nouvelles structures et hiérarchies. Ils influent sur les stratégies paysannes jusque là en vigueur. Aux "stratégies de repli"[1] sur une économie de subsistance, qui sont les seules possibles dans un environnement national qui ne s'intéresse aux paysans que pour les ponctionner (impôts) ou pour procurer aux citadins des produits à bas prix, dans un contexte international où ils ne peuvent prétendre à la compétitivité, les émigrés opposent des stratégies fondées sur l'innovation, la création de ressources qui ne ruinent pas pour autant l'agriculture vivrière.

En effet, les associations négocient, grâce à des compétences, des savoirs faire sociaux et politiques acquis en France, l'acceptation, par le village, du changement : nouveaux rapports sociaux, nouvelles hiérarchies, nouvel abord du marché, introduction du travail salarié, intégration des communautés villageoises dans la société globale, voire lorsqu'il s'agit directement de projets agricoles, écoulement d'une partie de la production dans l'économie marchande. *En définitive il s'agit d'une nouvelle conception du rapport entre communauté*

[1] J.P.Olivier de Sardan. 1985. *Les Sociétés Songhai-Zarma*, Paris, Karthala.

agricole (reposant sur la famille) et émigration, grâce auquel l'émigration au lieu de s'amplifier, devrait à terme devenir inutile. L'objectif est que les jeunes puissent trouver au village des conditions de vie et de travail supportables, jugées préférables à celle du migrant.

Pourtant le cercle n'est pas facile à briser. Ces projets reposent sur l'épargne des migrants. Inverser la tendance forte : de moins en moins de paysans, de plus en plus de salariés à l'étranger, ce qui à terme condamne le village, ne va pas sans de nombreuses difficultés.

DES MICRO-PROJETS AUX PROJETS RÉGIONAUX

Ces projets ne sont pas exempts de contradictions. Ils visent la subsistance par des investissements. Sauf à envisager les ressources de l'immigration comme inépuisables, ils nécessitent l'introduction à côté de l'agriculture vivrière d'activités dont le produit procure des revenus monétaires. Les tentatives en ce sens, périmètres irrigués, produits de contre-saison, artisanat, se heurtent très vite aux limites inhérentes au localisme des micro-projets : problèmes de distribution en l'absence de routes, coût du transport, saturation du marché en l'absence d'étude sur l'ampleur de la demande solvable etc.

C'est après avoir pris conscience de ces limites qu'un certain nombre d'associations d'immigrés ont décidé de se regrouper afin d'intervenir sur une plus grande échelle, celle du cercle ou de la région. Ces associations réunissent les ressortissants en France de trente à quarante villages. Elles ont explicitement comme objectif de trouver les moyens de l'accumulation nécessaire à la poursuite rénovée d'une agriculture vivrière modernisée et d'activités diversifiées à partir des opportunités ouvertes par cette modernisation. Il ne s'agit pas pour les migrants de devenir des petits entrepreneurs capitalistes. Certains l'ont tenté, presque tous ont échoué. Le caractère coopératif et communautaire de ces initiatives est fondamental. *A la recherche de processus de transition les migrants regroupés en association tentent de lutter contre les faiblesses des communautés paysannes.*

Il s'agit de logiques de l'action, de logiques de transformation sociale qui ne visent pas le profit mais le développement des communautés paysannes et la reproduction d'un tissu social menacé, grâce à l'épargne, la création de ressources, enfin de modes de redistribution originaux : les allocations de ressources s'effectuant selon des critères d'utilité sociale jugés primordiaux.

Lorsque les associations procèdent à des transferts monétaires ou à des investissements c'est selon des critères non marchands. Leur souci n'est pas le profit mais la valorisation des ressources. A cette fin elles se proposent d'intervenir principalement sur trois fronts : une meilleure gestion de l'épargne émigrée, la prise en charge d'infrastructures permettant aux initiatives locales de se développer, la formation.

- Ainsi en matière d'infrastructures elles se préoccupent à un niveau régional : de la maîtrise de l'eau (petits barrages, puits), des moyens de communication et de transports, de la répartition de la production en fonction des possibilités écologiques de chaque village, (riz pour les zones comportant des marigots, cultures de contre saisons le long du fleuve), ainsi que des capacités d'écoulement des produits.

- En matière d'épargne, elles partent du constat que les flux monétaires dus à l'émigration sont importants et qu'il n'existe aucune structure susceptible de la valoriser. L'argent reste thésaurisé dans les familles ou en France, faute de système sûr de valorisation et de contrôle, alors que sur place les demandes en crédit sont importantes.

Des associations étudient aujourd'hui la possibilité de mettre sur pied une structure régionale d'épargne et de crédit indépendante du système bancaire étatique dans lequel la population n'a pas confiance, s'inscrivant toutefois dans le cadre de la réglementation bancaire nationale.

"Constatant que les flux monétaires importants dus à l'émigration n'engendrent aucune dynamique de développement local autonome" elles se préoccupent des moyens de valoriser l'épargne au "service de l'économie rurale"[1]. Cette sorte de banque, entreprise ambiguë, n'est pas faite pour faire de l'argent mais pour impulser des projets d'utilité sociale. Elle exige une forte disciplinarisation sociale, sa condition de réussite est qu'elle soit capable, au delà de la distribution de l'argent, de créer de nouvelles disciplines conformes à l'utilité collective.

- Enfin les projets locaux sont fondés non seulement sur des investissements mais également sur des transferts techno-

---

[1] *Projets sur les flux financiers.* Association pour la promotion du soninké.

logiques appropriés. Ces transferts nécessitent la formation d'un certain nombre de paysans locaux, notamment des jeunes, afin qu'ils puissent s'approprier les nouvelles techniques et jouer un rôle actif dans leur diffusion.

- Les associations réfléchissent et participent aux programmes de formation. Elles sont, par exemple, en étroite liaison avec le centre de formation professionnel situé à Bakel au Sénégal (région du fleuve). Leur dynamisme repose en partie sur l'existence de leaders reconnus comme tels, infatigables acteurs du développement. Ils ont conscience que leurs interventions visent une transition progressive mais nécessaire, négociée, vers la modernité. Ils rompent l'enfermement dans le système familial d'agriculture de subsistance, et ouvrent des perspectives aux jeunes pour lesquels l'horizon du village tel qu'il est se révèle désormais trop étroit.

Ces stratégies qui tentent de substituer aux logiques familiales des logiques communales et de réseau sont, pour le moins, des formes collectives et organisées d'affrontement du marché, des formes d'auto-valorisation : les dominés se constituent un espace d'action propre à partir de réserves stratégiques. De manière insidieuse, elles ébranlent les fondements de l'autorité patriarcale.

Des changements non prévus au sein de la famille

Les rapports domestiques selon lesquels le patriarche nourrit, instruit, protège, marie ses fils en contrepartie de quoi il confisque leur travail et leur production, ne sont pas contestés ouvertement. Les migrants n'ont de cesse de réaffirmer le respect dont ils entendent entourer les anciens. Cependant, les projets qui, comme nous l'avons vu, se font au regard de la communauté villageoise et non de telle ou telle famille, mettent en œuvre, de manière détournée mais bien réelle, de nouvelles pratiques et s'appuient sur des valeurs peu compatibles avec les pratiques et idéologies parentales.

L'ensemble des effets de ces changements sociaux sur les rapports familiaux ne peuvent être étudiés dans le cadre de cet exposé. Nous ne mentionnons à l'aide d'exemples, que ceux qui sont nécessaires à la compréhension des rapports entre projets collectifs et regroupement familial, lequel se fait, aussi, à partir de rapports familiaux en mutation au village.

La construction d'une école suscite toujours de nombreuses réticences. On a, souvent et à juste titre, expliqué cette méfiance, de la part notamment des anciens, par le fait que la scolarisation des enfants entraînait une diminution de la main-d'œuvre agricole et qu'elle suscitait des aspirations citadines. Deux autres raisons tout aussi importantes doivent être prises en compte :

- Accepter l'école c'est accepter d'autres sources de transmission des savoirs que la famille et du même coup l'existence d'autres savoirs que ceux détenus et transmis par les plus vieux. Le fait de savoir lire et écrire, par exemple, a un effet dissolvant sur la structure familiale[1]. Dans une société où les hiérarchies sont fondées sur le principe de séniorité une telle reconnaissance ne va pas sans une certaine perte d'autorité.

- Cet affaiblissement d'un des fondements de l'autorité des aînés s'accompagne de son partage avec ce nouveau personnage, étranger au village, qu'est l'instituteur. L'enfant n'est plus redevable de ses connaissances, donc de son avenir, à sa seule famille. Cette prise en charge de l'éducation des enfants par des autorités extérieures à la famille est souvent une des causes de l'hostilité à l'égard de l'instituteur. L'école ne trône pas sur la place du village, elle est la plupart du temps construite à l'extérieur.

Les conflits d'autorité sont fréquents. L'instituteur n'est pas un personnage reconnu. Tel se voit signifier l'interdiction d'assister à l'enterrement d'un de ses élèves musulmans sous prétexte qu'il est chrétien, tel autre doit faire face à une véritable révolte des parents parce qu'il a osé frapper, avec une badine, ses élèves qui depuis plusieurs jours refusaient d'apprendre leurs leçons.[2]

Les instituteurs ne sont pas les seuls à subir cet ostracisme. Il s'applique à tous les personnages qui peuvent prétendre constituer les nouveaux notables du village : infirmier, responsable d'une coopérative, animateur agricole…

Enfin dernière menace, ces nouveaux notables sont des salariés. Ils confirment l'idée déjà assez répandue qu'un travail s'assortit d'un salaire. Le sort des jeunes n'est plus entièrement lié à celui des aînés !

---

[1] J.Goody, 1986. *La Logique de l'écriture*; Armand Colin.

[2] Dans la société soninké les adultes ne se privent pas de frapper, parfois très brutalement, les enfants.

Ainsi les logiques communautaires ou communariales ouvrent un champ de contradictions avec les logiques familiales auquel les migrants doivent faire face. Ils doivent compenser ce que les anciens perdent en autorité par l'assurance de leur sécurité à venir ainsi que par des déplacements de pouvoir, de la famille vers la politique villageoise (rapport avec les autres villages, avec l'État et ses différentes Institutions).

On l'aura remarqué, un point reste obscur, et c'est là sans doute une des limites des projets : la place et le rôle des femmes dans ces processus d'innovation sont ceux qui sont le moins pensés. Les femmes, comme nous le verrons plus loin, restent, aux yeux des hommes, par leur mise en dépendance, les plus sûres garantes de l'institution familiale traditionnelle. Les projets ont introduit dans les villages de nouveaux rapports sociaux et politiques entre les hommes. Ils ont amoindri l'autorité des anciens. Ils ont très rarement été l'occasion pour les femmes de redéfinir leur place dans la famille, dans la société. Preuve en est que la majorité des femmes jeunes aspirent à venir en France. Pourtant elles ne participent nullement à la prise de décision qui les concerne au premier chef, de les "envoyer" rejoindre leur mari. Le regroupement familial reste une décision d'hommes.

Se pose également la question de savoir dans quelle mesure cette stratégie qui consiste à faire venir femmes et enfants en France est compatible avec le parcours migratoire, tout à fait original, qui consiste à reconstruire une dynamique d'intégration dans les villages, susceptible à moyen terme de soulager la pression migratoire. Les hommes ayant effectué un regroupement familial continueront-ils à s'investir dans des projets pour le village ? Les femmes et les enfants, chacun pour des raisons différentes, peuvent-ils envisager un avenir, si non au village, du moins en relation étroite avec lui ?

Le regroupement familial

La rencontre entre les stratégies des anciens : envoyer à tour de rôle leurs fils gagner le numéraire nécessaire à la perpétuation de l'économie domestique, et celles des entreprises françaises à la recherche d'une main-d'œuvre masculine, non qualifiée, jeune, mobile, va être quelque peu perturbée par la crise du milieu des années 70. Le séjour qui était pensé au départ comme devant être de courte durée s'avère devoir se prolonger. Ceux qui ont tenté, après avoir accumulé un modeste pécule, de retourner s'installer au village ont vu leurs économies s'épuiser rapidement. Le chômage, la fermeture des frontières d'un côté, la sécheresse, la dégradation de l'agriculture familiale de l'autre, ont incité ceux qui étaient en France à y rester. La plupart des hommes venus célibataires sont désormais mariés, pères de plusieurs enfants. Leur célibat en France, imposé par l'impossibilité d'accéder à des logements conformes et la nécessité d'épargner pour la famille, leur pèse d'autant plus que les conditions d'éducation de leurs enfants au village ne leur conviennent plus : pas d'école[1], aucune infrastructure de santé. Certains, vont convaincre leurs aînés, religion à l'appui, qu'il n'est pas bon que maris et femmes restent trop longtemps séparés, qu'il est souhaitable que leur femme et leurs enfants viennent vivre avec eux en France. Les tractations sont d'autant plus âpres que le maintien de ces derniers sous la responsabilité du patriarche est une garantie qu'une partie du salaire continuera à être envoyée par le migrant afin de pourvoir aux besoins de sa famille demeurée sur place.

L'ampleur du mouvement de regroupement familial est difficile à apprécier. Les conditions qui doivent être remplies pour accéder au droit au regroupement familial sont inaccessibles à la plupart des migrants africains. De nombreuses femmes arrivent en France comme touristes et ne sont par conséquent pas recensées par les statistiques officielles ; elles sont du même coup assez rapidement dans l'irrégularité. Les estimations les plus plausibles, évaluent à 30 % le nombre d'hommes ayant procédé au regroupement familial, (70 % des migrants africains vivant encore en "célibataires" en France).

Le type des familles ainsi reconstituées, la nature des problèmes qu'elles ont à affronter, varient selon de nombreux facteurs : lieu de naissance des enfants, nombre d'épouses du mari, conditions de logement, nature des emplois ou chômage des adultes, existence ou non de titre de séjour etc. Il oscille entre la famille élargie où l'ingérence parentale et communautaire est de mise et le couple conjugal que l'on peut caractériser par la volonté des époux de s'émanciper de la

[1] Le regroupement familial a commencé avant les projets de transformation villageoise.

famille souche jugée trop contraignante et peu compatible avec un avenir en France.

Néanmoins, dans tous les cas de figure, et ils sont nombreux, le regroupement familial entraîne de profondes modifications de la structure relationnelle de la famille. C'est au cœur de ces modifications, plus où moins conscientes, acceptées, parfois souhaitées, que chacun, femme, enfant, père, doit inventer sa nouvelle place, son nouveau rôle. Cela ne va pas sans heurts, conflits de tous ordres, d'autant plus difficiles à gérer que les conditions d'accueil et de séjour en France sont la plupart du temps défectueuses.

Les nouvelles représentations de la famille, les attentes qui en découlent différent selon le sexe et l'âge de ses membres.

Hommes et femmes : des parcours migratoires différents

A cet égard, les hommes sont sans aucun doute les plus conservateurs. Ce sont aussi eux qui ont le plus de mal à concilier les exigences de la société de départ et celles de la société d'accueil en ce qui concerne la famille.

Le mariage reste une affaire de familles, d'échange de femmes, d'alliance. Malgré l'affaiblissement de son pouvoir, le chef de famille conserve la prérogative du choix des épouses de ses fils, au moins en ce qui concerne la première épouse. Ceci joue un rôle fondamental quant à la conception que le migrant se fait de la famille. Même lorsqu'il choisit sa deuxième épouse, il entre alors dans le cadre de la polygamie qui n'a de sens qu'au regard de l'idéologie parentale et le maintient, de manière contradictoire certes mais bien réelle, dans la structure traditionnelle de la famille.

En France, coupée de ses activités agricoles, la femme n'est considérée qu'en tant que reproductrice. Lorsqu'on la fait venir c'est pour faire de nombreux enfants et accomplir les tâches domestiques. Faire des enfants ne diffère guère selon les cieux sous lesquels on se trouve, il n'en va pas de même de l'accomplissement des tâches domestiques. Au village le chef de la maisonnée distribue chaque matin aux épouses qui sont de tour, les denrées nécessaires à la fabrication des repas. Il n'existe aucune circulation d'argent à cette occasion. Ce ne sont pas les femmes qui sont chargées de gérer l'approvisionnement. Par contre elles disposent d'une parfaite autonomie quant à l'argent qu'elles gagnent grâce à des activités telles que le petit commerce, la culture d'un champ d'arachide, le maraîchage ou tout autre forme d'artisanat. Les biens masculins et féminins sont strictement séparés.

En France, les hommes tentent de reproduire un tel rapport, peu compatible avec les normes de consommation d'une famille. Ils répugnent à confier de l'argent à leur femme, parfois même pour les dépenses les plus infimes. Ils se chargent de tous les achats, du téléviseur à la baguette de pain. L'argent, on l'aura compris, est un des moyens extrêmement puissant dont disposent les hommes pour maintenir les femmes sous leur entière dépendance. D'autant plus fort qu'à leur arrivée, les femmes sont sans papier, ne possèdent que des savoirs faire difficilement monnayables. Enfin la succession rapprochée de leur grossesses est peu compatible avec la recherche d'un emploi.

Les hommes qui ont vécu de longues années en "célibataires", restreignant au maximum leur consommation afin d'économiser, notamment pour les projets collectifs, tentent d'imposer le même mode de vie frugal à leur famille, femmes et enfants. Or ce qui était possible lorsqu'ils partageaient leur temps et leurs activités entre l'usine et le Foyer, qu'ils bénéficiaient d'un coût relativement bas de reproduction de leur famille en la maintenant au village devient beaucoup plus difficile lorsqu'une partie de cette dernière est en France.

Les hommes sont ainsi pris dans une contradiction redoutable. D'un côté ils sont engagés dans des projets de transformations villageoises qui leur permettent d'avoir une représentation positive d'eux-mêmes, de tisser une articulation dynamique et novatrice entre leur passé, leur présent et leur avenir. Ils privilégient alors les rapports sociaux et politiques avec leur communauté d'origine, ici et là-bas, au prix d'une restriction draconienne de leurs dépenses personnelles. A l'opposé, le regroupement familial repose sur une tout autre économie. Il requiert l'utilisation immédiate de la quasi totalité des ressources : logement, école, loisirs, ameublement, habillement sont des dépenses incompatibles avec une quelconque épargne lorsqu'on gagne le salaire d'un immigré africain.

Les hommes cependant, choisissent dans leur grande majorité d'imposer à leur famille en France les principes d'économie qu'ils se sont appliqués à eux-mêmes lorsqu'ils étaient célibataires. Ils privilégient les projets au détriment parfois de la satisfaction des besoins élémentaires de leurs femmes et enfants. Pour eux, les processus identitaires leur permettant de valoriser leur séjour en France, d'améliorer leur statut au village, ont lieu dans les associations. Ils ne résident pas dans leur capacité à faire vivre et orienter une famille restreinte au sein de laquelle ils sont d'ailleurs fort souvent absents. Quel intérêt pour eux à se retrouver dans un logement exigu et surpeuplé, au milieu de femmes qui se disputent, récriminent, et d'enfants qui ne les respectent pas et dont ils ont beaucoup de peine à entrevoir l'avenir.

Les pères ont tendance à confier une grande partie de l'éducation des enfants à l'institution scolaire, persuadés qu'il s'agit d'un passage nécessaire, inquiets de la perte d'autorité qui en découle. Là aussi la famille n'est plus le seul lieu où les savoirs nécessaires au bon déroulement de la vie sont dispensés. Ils veillent également à ce que leurs enfants, les garçons de préférence, soient instruits dans la religion musulmane. Ils en confient la tâche à un marabout[1]. Ce choix des hommes, d'organiser leur vie non professionnelle autour des projets est peu compatible avec les aspirations des femmes et des enfants.

Au départ lorsque les femmes viennent en France c'est pour rejoindre leur mari. Elles espèrent échapper à la dépendance de leur belle famille, aux tâches désormais trop lourdes qui leur incombent. Elles s'imaginent également qu'en France l'accès à l'argent leur sera plus facile qu'au village. La France est le pays d'où l'on rapporte de l'argent.

La mise en dépendance quasi totale par rapport à leur mari leur devient rapidement insupportable. Elles n'ont de cesse de travailler.

Par ailleurs elles acceptent d'autant plus mal ces mesures, le non-accès aux biens de consommation courants, qu'en l'absence de leur mari au domicile c'est à elles que les enfants s'adressent. Leur malheur est à son comble lorsqu'après de nombreuses grossesses, plusieurs années de vie selon des normes qui ressemblent à celles pratiquées au sein des familles

---

[1] M.Timera. "Les familles Africaines dans les villes". in *Migrant formation*. Dec. 1992.

nucléaires, une seconde épouse surgit, annulant les débuts de dialogues entre époux et un certain partage des responsabilités.

Dans les conditions actuelles du regroupement familial les femmes ont tout à gagner d'une restructuration de la famille autour du modèle qui a cours en France. Pourtant, elles le savent, une telle aspiration se heurte frontalement à l'ensemble de la communauté des hommes d'une part, de l'autre à la société française qui ne leur offre guère les moyens nécessaires à une telle réalisation : formation, emploi, logements...

Les conflits entre les hommes et les femmes dans les familles africaines en France sont fréquents, d'une extrême violence, souvent sans médiation possible : renvoi des femmes au village de la part des hommes, demande de divorce de la part des femmes. Dans ce dernier cas elles se trouvent rejetées par leur communauté, sans aucun moyen de subsistance.

Cette violence faite aux femmes, tient au fait que repenser la famille et les rôles que chacun pourrait y jouer apparaît comme impossible aux hommes. Elle relève en définitive de leur volonté de préserver leur statut au sein de la famille.

Les projets sont, nous l'avons dit des tentatives de transformations en douceur de l'ordre ancien. Les migrants, par leurs initiatives collectives, impulsent de nouveaux rapports sociaux et politiques, de nouvelles activités économiques. Ils imposent la reconnaissance de nouveaux savoir-faire, de nouvelles techniques au sein de la communauté masculine. Il s'agit dans la majorité des cas de liens entre hommes, même lorsque les projets se proposent d'améliorer les conditions de travail des femmes. Rares sont les projets qui se préoccupent de la valorisation des femmes au regard de leur séjour en France, de négocier avec les femmes de nouvelles places qui leur conviendraient, qui correspondraient soit au parcours migratoire de celles qui ont émigré, riche en mutations, soit aux nouvelles attributions de celles qui sont restées.

Il n'est pas évident que les femmes après un long séjour en France pas plus que leurs enfants, entrevoient leur avenir au village. *Mais rappelons-le, les projets ne sont pas des projets de retour.* Ils requièrent bien entendu que le village ne se dépeuple pas, qu'il soit un lieu de vie possible pour un nombre significatif d'habitants, mais ils reposent fondamentalement sur le fait qu'une partie des ses ressortissants demeurent en France.

Ce sont des projets collectifs de transformation villageoise qui valorisent au maximum le fait d'appartenir à deux espaces et jouent sur les différentiels entre ces deux espaces. Ils tentent d'utiliser au mieux de nouvelles compétences, de nouvelles ressources afin d'en créer d'autres au village. Ces compétences peuvent s'exercer en France pour le village, ces ressources ne sont accessibles pour le moment qu'en France. Témoins ces femmes émigrées qui ont relancé la teinture indigo des tissus au village, à partir de motifs inventés en France pour des tissus qu'elles se chargent de vendre.

Sous l'impulsion des émigrés, constitués en force sociale au regard de leur village d'origine, la famille indirectement se restructure. *Ne peut-elle, en France, sous l'impulsion des femmes et des enfants trouver une forme telle que les femmes ne soient plus celles qui subissent le plus fortement les méfaits de l'immigration ?*

D'une manière générale les projets permettent aux migrants et très rarement aux migrantes d'échapper à leur double condition d'étranger en France et au village. Les associations sont des lieux où se construisent de nouvelles identités. Ils ne sont pas des projets de retour mais bien d'articulation entre deux espaces. Sauf à penser que la seule opportunité qui s'offre au migrant réside dans son assimilation, le regroupement familial n'est pas contradictoire avec le fait de vouloir perpétuer un lien dynamique avec son village, seul lieu où les hommes peuvent exercer leur citoyenneté. En ce qui concerne les femmes et les enfants, tout dépendra des places sociales et politiques qui leur seront reconnues.

Pourquoi n'existerait-il pas un avenir en France dont les ambitions seraient orientées vers le village, le pays d'origine, pour les hommes et pour les femmes ?

PHOTOGRAPHIES HORS TEXTE

TABLE DES CARTES ET CROQUIS

TABLE DES MATIÈRES

MISE EN PAGES FOURNIE

Achevé d'imprimer par Corlet, Imprimeur, S.A. - 14110 Condé-sur-Noireau (France)
N° d'Imprimeur : 18048 - Dépôt légal : septembre 1996 - *Imprimé en C.E.E.*